AF298723

46412

LEÇONS

DE MÉTAPHYSIQUE

DE LA SCIENCE

DES LOIS PÉNALES

OU

SÉRIE DE RAISONNEMENTS DESTINÉS A NOUS REPRÉSENTER LA CONNAISSANCE
LA PLUS DISTINCTE POSSIBLE DE LA LOI PÉNALE, DE L'ACTION
PUNISSABLE ET DE LA PEINE EN GÉNÉRAL

Par le Professeur Louis ZUPPETTA.

Quatrième Édition,

Revue, augmentée et mise en un autre ordre par l'Auteur.

TRADUCTION DE L'ORIGINAL ITALIEN.

PARIS.

JOUBERT, LIBRAIRE-ÉDITEUR,

Rue des Grès, 14, près l'Ecole de Droit.

1847.

Imprimerie et Lithog. de Maistrasse et Wiart, rue N.-D.-des-Victoires, 16.

DÉDICACE.

A M. Joseph-Louis-Elzéar ORTOLAN, Juris-
consulte d'une réputation toujours croissante,
d'un mérite toujours au-dessus de la réputation
dont il jouit, Professeur de législation pénale com-
parée à la Faculté de droit de Paris, Membre du
Conseil général de Commerce, en témoignage de
respéct amical et d'amitié respectueuse.

L'auteur.

AVERTISSEMENTS DE L'AUTEUR.

I.

Les éditeurs italiens qui voudront réimprimer cette quatrième édition, au lieu d'en faire la traduction du français, ce qui serait une traduction de traduction, pourront acquérir l'original italien lui-même *(a)*.

S'adresser, pour en connaître les conditions, à l'imprimerie et lithographie de Maistrasse et Wiart, que Notre-Dame-des-Victoires, 16, Paris.

II.

Dans la troisième édition, en trois volumes, imprimée à Malte en 1844, j'ai exposé conjointement les *Maximes de métaphysique de la science des lois pénales*, et le *Commentaire*, dont une partie concerne

---

(a) On sait fort bien, que pour traduire convenablement un ouvrage, il ne suffit pas de connaître les *deux langues*, mais qu'il faut aussi être versé dans la *science* dont il s'agit dans l'ouvrage.

Pendant que ce volume *Des Maximes* était encore sous presse, l'Anglais Jean Griffiths, avocat très-distingué aux tribunaux de Malte, et d'un mérite réel considérable en fait de matières pénales, me fit l'honneur de m'informer qu'il avait résolu de traduire en anglais ce volume *Des Maximes*.

Quand des hommes d'une telle considération daignent s'occuper d'une traduction, c'est alors seulement qu'on est assuré que cette traduction ne laissera rien à désirer.

l'application critique des susdites *maximes* aux lois romaines, au Code pénal français et au Code pénal pour le royaume des Deux-Siciles.

Dans cette quatrième édition j'ai cru convenable : 1° de séparer les *Maximes* du *Commentaire ;* 2° de rendre ce *Commentaire* plus large et plus étendu.

J'ai réuni les *Maximes* dans le petit volume que voici.

Le *Commentaire* sera publié à part, en quatre volumes.

Ce *Commentaire* consiste dans le développement des *Maximes* dont je viens de parler, et plus particulièrement :

1° Dans l'explication et l'éclaircissement de chaque mot technique envisagé sous le rapport idéologique, phylologique, historique, médico-légal, etc.;

2° Dans l'examen critique, 1° des théories professées par les écrivains les plus renommés ; 2° des lois romaines correspondantes ; 3° des articles corrélatifs du Code pénal français et du Code pénal pour le royaume des Deux-Siciles ; 4° des maximes de jurisprudence établies par les Cours supérieures de France et de Naples *(a)*.

(a) Pour ce qui touche l'application critique des *Maximes* à tous les codes de pénalité en vigueur en Europe, mis en comparaison entre eux, application dont j'ai parlé fort souvent dans mes *Discours improvisés de législation pénale* (*), ce sera l'objet d'un ouvrage tout à fait séparé.

(*) Le résumé de ces discours a été publié à Malte. Voyez les journaux maltais de 1845 et 1846, et particulièrement le *Malta Mail,* le *Malta Times,* le *Mediterraneo* et *L'Unique.*

PREMIÈRE LEÇON.

INTRODUCTION.

§ 1. — Cette introduction est uniquement destinée à établir :

I. La notion de la science de la législation pénale ;

II. La division de cette science en science des lois de police, science des lois pénales et science des lois de procédure dans les affaires pénales ; — ainsi que la notion de ces trois espèces de science ;

III. La subdivision de chacune de ces trois espèces de science en métaphysique de la science et science particulière ; — ainsi que la notion de ces dénominations ;

IV. Les parties dans lesquelles se résout la métaphysique de la science des lois pénales, objet de ces leçons ;

V. L'ordre dans lequel il faut disposer ces parties.

I.

Notion de la science de la législation pénale.

§ 2. — L'homme n'est pas créé pour savoir tout ; car c'est à Dieu de savoir tout.

L'homme n'est pas créé pour ignorer tout ; car c'est à la brute d'ignorer tout.

L'homme est créé pour savoir certaines choses et

pour en ignorer certaines autres ; car c'est à l'homme proprement de savoir et d'ignorer à la fois.

§ 3. — L'assemblage des connaissances accessibles à l'homme constitue le *savoir humain*.

L'assemblage des connaissances constituant le *savoir humain* est comme un arbre immense qui se divise en différentes branches dont chacune est dirigée sur un objet particulier.

De là la division du *savoir humain* en tant de sciences différentes.

§ 4. — Toute science se traduit en une série de raisonnements destinés à nous représenter la connaissance la plus distincte possible de l'objet sur lequel elle est dirigée.

§ 5. — Parmi les sciences tient une place importante la *science de la législation*, ou la *raison légale*.

§ 6. — La *législation pénale*, ou la *raison pénale*, est une branche de la science de la législation.

L'*action punissable* et la *peine* sont l'objet de la science de la législation pénale.

§ 7. — Puisque toute science se traduit en une série de raisonnements destinés à nous représenter la connaissance la plus distincte possible de l'action sur lequel elle est dirigée (§ 4) : puisque l'action punissable et la peine sont l'objet de la science de la législation pénale (§ 6) ; il s'ensuit :

1ʳᵉ Maxime.

« La science de la législation pénale est une série
» de raisonnements destinés à nous représenter la

» connaissance la plus distincte possible de l'action
» punissable et de la peine. »

II.

*Division de la science de la législation pénale en science
des lois de police, science des lois pénales et science des
lois de procédure dans les affaires pénales ; — ainsi
que notion de chacune de ces trois espèces de science.*

§ 8. — Puisque la science de la législation pénale est une série de raisonnements destinés à nous
représenter la connaissance la plus distincte possible
de l'action punissable et de la peine (§ 7) : puisque
les théories relatives à ce double objet peuvent se
résoudre en : I. *Règles de raison* pour prévenir les actions punissables ; — II. *Règles de raison* pour fixer
la peine contre les actions punissables commises ; —
III. *Règles de raison* pour appliquer régulièrement
la peine aux infractions : puisqu'on peut bien donner le nom de *lois de police* aux règles de la première classe, celui de *lois pénales* aux règles de la
seconde classe et celui de *lois de procédure dans les
affaires pénales* aux règles de la dernière classe ; il
s'ensuit :

2ᵉ Maxime.

« La science de la législation pénale se résout en
» trois espèces :
   » I. Science des lois de police ;
   » II. Science des lois pénales ;

» III. Science des lois de procédure dans les af-
» faires pénales.

» La première est une série de raisonnements des-
» tinés à nous représenter la connaissance la plus
» distincte possible des lois de police ;

» La seconde est une série de raisonnements des-
» tinés à nous représenter la connaissance la plus
» distincte possible des lois pénales ;

» La troisième est une série de raisonnements des-
» tinés à nous représenter la connaissance la plus
» distincte possible des lois de procédure dans les
» affaires pénales. »

III.

Subdivision de la science des lois de police, de la science des lois pénales et de la science des lois de procédure dans les affaires pénales en métaphysique de la science et science particulière ; — ainsi que notion de ces dé-nominations.

§ 9. — Puisque la science de la législation pénale se résout en science des lois de police, science des lois pénales et science des lois de procédure dans les affaires pénales (§ 8) : puisque toute science se tra-duit en une série de raisonnements (§ 4) : puisque la série des raisonnements en laquelle toute science se traduit peut consister ou dans l'expression géné-rale et systématique de l'objet sur lequel elle est di-rigée, ou dans le traité en particulier de l'objet sus-dit : puisque le nom de *métaphysique de la science* peut bien convenir à l'expression générale et systématique

de l'objet sur lequel la science est dirigée et le nom
de *science particulière* au traité en particulier de l'objet susdit ; il s'ensuit :

3ᵉ Maxime.

« Chacune des trois espèces dans lesquelles la
» science de la législation pénale se résout se sub-
» divise en *métaphysique de la science* et *science parti-*
» *ticulière.*
» Et pour cela l'on distingue :
» La *métaphysique de la science* des lois de police de
» la *science particulière* des lois mêmes ;
» La *métaphysique de la science* des lois pénales de
» la *science particulière* des lois mêmes ;
» La *métaphysique de la science* des lois de procé-
» dure dans les affaires pénales de la *science particu-*
» *lière* des lois mêmes.
» La *métaphysique de la science* des lois de police
» est une série de raisonnements destinés à nous re-
» présenter la connaissance la plus distincte possible
» des lois de police *en général.*
» La *science particulière* des lois de police est une
» série de raisonnements destinés à nous représenter
» la connaissance la plus distincte possible des lois de
» police *en particulier.*
» La *métaphysique de la science* des lois pénales est
» une série de raisonnements destinés à nous repré-
» senter la connaissance la plus distincte possible
» des lois pénales *en général.*
» La *science particulière* des lois pénales est une sé-

» rie de raisonnements destinés à nous représenter la
» connaissance la plus distincte possible des lois pé-
» nales *en particulier*.

» La *métaphysique de la science* des lois de procé-
» dure dans les affaires pénales est une série de rai-
» sonnements destinés à nous représenter la connais-
» sance la plus distincte possible des lois de procé-
» dure dans les affaires pénales *en général*.

» La *science particulière* des lois de procédure dans
» les affaires pénales est une série de raisonnements
» destinés à nous représenter la connaissance la plus
» distincte possible des lois de procédure dans les
» affaires pénales *en particulier*. »

IV.

*Parties dans lesquelles se résout la métaphysique de la
science des lois pénales, objet de ces leçons.*

§ 10. — Puisque la métaphysique de la science
des lois pénales est une série de raisonnements destinés à nous représenter la connaissance la plus distincte possible des lois pénales en général (§ 9),
puisque la *loi pénale* est une idée complexe qui renferme plusieurs idées : I. D'une sanction moyennant
laquelle on menace d'un châtiment certaine action (*a*);

(*a*) Le mot *action*, comme aussi le mot *fait*, dans cet ouvrage,
s'emploie dans la double signification de *commission* et d'*omission*. (Voy. § 16.)

II. D'une action contre laquelle la menace d'un tel châtiment est faite ; III. Du châtiment lui-même. C'est-à-dire, puisque la loi pénale est une idée complexe qui renferme la triple idée : I. d'une *loi pénale* ; II. d'une *action punissable* ; III. d'une *peine* ; il s'ensuit :

4ᵉ Maxime.

« La métaphysique de la science des lois pénales
» se divise en trois parties :

» I. *Loi pénale en général*, ou série de raisonne-
» ments destinés à nous représenter la connaissance
» la plus distincte possible de la loi pénale en gé-
» néral;

» II. *Action punissable en général*, ou série de rai-
» sonnements destinés à nous représenter la connais-
» sance la plus distincte possible de l'action punis-
» sable en général;

» III. *Peine en général*, ou série de raisonnements
» destinés à nous représenter la connaissance la plus
» distincte possible de la peine en général. »

V.

Ordre dans lequel il faut disposer les trois parties de la métaphysique de la science des lois pénales.

§ 11. Puisque la métaphysique de la science des lois pénales se divise en trois parties : I. Loi pénale en général ; II. Action punissable en général ; III. Peine en général (§ 10) : puisque, outre qu'il entre dans la valeur de chaque ouvrage d'en disposer les parties suivant l'ordre généthliaque ou de primogéniture, dans celui-ci cela est indispensable pour coordonner la série des raisonnements dans lesquels il se résout (§ 9) : puisque, à l'égard de l'ordre généthliaque, la loi pénale précède l'action punissable (voy. § 42 et 43), et que celle-ci précède l'application de la peine : puisqu'il paraît convenable de diviser toute la matière en livres, les livres en titres, les titres en chapitres, les chapitres en sections ; il s'ensuit :

5° Maxime.

« Les trois parties dans lesquelles la métaphysique
» de la science des lois pénales se divise, sont renfer-
» mées en trois livres, dont l'ordre suit :
» Livre I. Loi pénale en général ;
» Livre II. Action punissable en général ;
» Livre III. Peine en général. »

LEÇON DEUXIÈME.

LIVRE I.

Loi pénale en général, ou série de raisonnements destinés à nous représenter la connaissance la plus distincte possible de la loi pénale en général.

§ 12. — Puisque la loi pénale en général forme l'objet du livre Ier (§ 11) : puisque, examen fait, toutes les théories concernant la loi pénale en général se rapportent :

1° A l'essence de la loi pénale ;

2° A l'auteur de la loi pénale ;

3° Aux personnes garanties par la loi pénale ;

4° Aux personnes obligées à l'observation de la loi pénale ;

5° Aux personnes employées à appliquer la loi pénale :

Puisqu'il faut traiter de ces théories séparément: puisque les livres sont divisés en titres (§ 11); il s'ensuit :

6ᵉ Maxime.

« Le premier livre, concernant la loi pénale en
» général, est divisé en cinq titres :
» TITRE I. — Loi pénale en général, quant à son
» essence :

» Titre ii. — Loi pénale en général, quant à son
» auteur ;

» Titre iii. — Loi pénale en général , quant aux
» personnes garanties par cette loi ;

» Titre iv. — Loi pénale en général, quant aux
» personnes obligées à l'observation de cette loi ;

» Titre v. — Loi pénale en général, quant aux
» personnes employées à appliquer cette loi. »

TITRE I.

Loi pénale en général, quant à son essence.

§ 13. — Puisque la loi pénale associe l'idée d'une
règle de raison (§ 8) : puisque cela importe que la loi
pénale doit renfermer un précepte ; il s'ensuit :

7ᵉ Maxime.

« Le *précepte* constitue le premier élément inté-
» grant de la loi pénale. »

§ 14. — Puisque la loi pénale est un précepte :
puisqu'il n'est pas possible qu'un précepte existe sans
une autorité légitime investie du droit d'édicter la loi
pénale ; il s'ensuit :

8ᵉ Maxime.

« Le second élément intégrant de la loi pénale
» consiste en cela que le précepte doit être édicté
» par l'autorité légitime. » (Voyez § 22.)

§ 15. — Puisque la loi pénale est un précepte (§ 13) édicté par l'autorité légitime (§ 14) : puisqu'on ne peut pas concevoir l'idée d'un précepte ni celle du devoir corrélatif de se conformer au précepte, sans la notification de ce dernier ; il s'ensuit :

9° Maxime.

« La notification du précepte de l'autorité légi-
» time constitue le troisième élément intégrant de
» la loi pénale. »

§ 16. — Puisque la loi pénale est un précepte : puisque c'est seulement sur les actions *libres* qu'un précepte peut exercer son pouvoir : puisque le mot *action* est pris dans un sens générique et qu'il renferme non-seulement la *commission*, mais encore l'*omission* (§ 10, note); il s'ensuit :

10° Maxime.

« Le quatrième élément intégrant de la loi pénale
» consiste en cela que le précepte doit exercer son
» pouvoir non-seulement sur les *commissions libres*,
» mais encore sur les *omissions libres*. »

§ 17. — Puisque le précepte étend son pouvoir aussi bien sur les commissions libres que sur les omissions libres (§ 16) : puisque cela n'importe pas qu'un tel précepte doive régler toute espèce quelconque de commissions et d'omissions, autrement la loi pénale remplirait les fonctions de la loi morale et religieuse, et la splendeur des actions provenant d'une pure impulsion de vertu s'éclipserait : puisque, pour ne pas confondre les fonctions de la loi morale et religieuse avec les fonctions de la loi pénale, il est indispensable de borner les fonctions de cette dernière à la défense des actions libres dont la *commission* renverse ou trouble directement la sûreté ou la tranquillité sociale, et à l'injonction des actions libres dont l'*omission* renverse ou trouble directement la susdite sûreté ou tranquillité ; il s'ensuit :

11ᵉ Maxime.

« Le cinquième élément intégrant de la loi pénale
» consiste en cela que le précepte doit se borner à la
» défense des actions libres dont la *commission* ren-
» verse ou trouble directement la sûreté ou la tran-
» quillité sociale, et à l'injonction des actions libres
» dont l'*omission* renverse ou trouble directement la
» susdite sûreté ou tranquillité. » (Voyez § 24 à 29.)

§ 18. — Puisque la loi pénale est un precepte (§ 13) qui exerce son pouvoir sur les actions *libres* (§ 16) : puisque à l'idée d'actions libres est associée nécessairement l'idée d'agents libres : puisque les êtres libres, en abusant du libre arbitre, peuvent agir d'une manière tout-à-fait opposée au précepte législatif : puisque le moyen le plus efficace pour les contenir dans l'observation de la loi et pour donner au pré-

cepte législatif le caractère d'obligatoire, c'est de
menacer les infracteurs de la perte ou de la suspension d'un droit, ce qui constitue la peine (voyez § 21
et liv. III); il s'ensuit :

12ᵉ Maxime.

« La menace de la peine contre les infracteurs
» constitue le sixième élément intégrant de la loi pé-
» nale. »

§ 19. — Puisque la loi pénale en général, quant à
son essence, forme l'objet de ce titre (§ 12) : puisque
l'essence d'un être consiste dans l'assemblage des éléments intégrants, et que donner la notion de cette
essence c'est donner la définition de l'être lui-même :
puisque les éléments intégrants de la loi pénale ont
été mentionnés dans les maximes 7 à 12 (§ 13 à 18) :
puisque la notion de l'essence ou bien la définition
de la loi pénale doit dériver de l'assemblage des sus-
dits éléments; il s'ensuit :

13ᵉ Maxime.

« La loi pénale est un précepte (§ 13) édicté par
» l'autorité légitime (§ 14) et notifié (§ 15), contenant
» la défense des actions libres dont la *commission* ren-
» verse ou trouble directement la sûreté ou la tran-
» quillité sociale, et l'injonction des actions libres
» dont l'*omission* renverse ou trouble directement la

» susdite sûreté ou tranquillité (§ 16 et 17), sous la
» menace d'une peine contre les infracteurs (§ 18).»

LEÇON TROISIÈME.

TITRE II.

Loi pénale en général, quant à son auteur.

§ 20. — Puisque la loi pénale en général, quant
à son auteur, est l'objet du titre en question (§ 12):
puisque, réflexion faite, les théories qui se rapportent à ce sujet peuvent se réduire à l'examen de six
points, savoir : I. Dans la société civile, le droit
d'édicter la loi pénale existe-t-il?—II. En cas d'af-
firmative, quel pouvoir peut exercer un pareil
droit? — III. Avec quelle circonspection et quelle
prudence ce pouvoir doit-il se comporter dans la
formation d'une telle loi? — IV. Quelles actions
doit-il assujettir à cette loi? — V. En quelle langue
et en quel style doit-il la rédiger? — VI. Jusqu'à
quand est-il présumé vouloir conserver en vigueur
une loi promulguée? — Puisqu'il faut traiter de ces
théories séparément : puisque les titres sont divisés
en chapitres (§ 11); il s'ensuit :

14ᵉ Maxime.

« Le titre II, livre I, relatif à la loi pénale en

» général, quant à son auteur, se divise en six
» chapitres :

» Chapitre I. — Dans la société civile, le droit
» d'édicter la loi pénale existe-t-il?

» Chapitre II. — Quel pouvoir est investi du
» droit d'édicter la loi pénale?

» Chapitre III. — Avec quelle circonspection et
» quelle prudence le pouvoir investi du droit d'é-
» dicter la loi pénale doit-il se comporter dans la
» formation de cette loi?

» Chapitre IV. — Quelles actions le pouvoir in-
» vesti du droit d'édicter la loi pénale doit assujettir
» à cette loi?

» Chapitre V. — En quelle langue et en quel
» style le pouvoir investi du droit d'édicter la loi
» pénale doit-il rédiger cette loi?

» Chapitre VI. — Jusqu'à quand le pouvoir in-
» vesti du droit d'édicter la loi pénale est-il présumé
» vouloir conserver en vigueur une loi promul-
» guée? »

CHAPITRE I.

*Dans la société civile, le droit d'édicter la loi pénale
existe-t-il?*

§ 21. — Puisque, méditation faite sur le physique et sur le moral de l'homme, on trouve que cet
être est essentiellement organisé pour s'agréger en
société : puisque la société tire du fait même de son
agrégation, réclamée pour la propre nature de

l'homme, le droit à la sûreté et à la tranquillité : puisque ce droit peut être attaqué et compromis par suite de la cupidité déréglée des hommes : puisque le droit à la sûreté et à la tranquillité comprend incontestablement celui de repousser, par les moyens les plus raisonnablement efficaces, tous les obstacles à l'exercice et à la jouissance de ce droit : puisqu'il n'y a que la peine dont on menace la cupidité déréglée des hommes qui puisse raisonnablement servir de force répulsive capable de vaincre la force impulsive au renversement et au trouble de la sûreté ou de la tranquillité sociale (§ 19); il s'ensuit :

15ᵉ Maxime.

« Dans la société civile, il existe incontestable
» ment le droit d'édicter la loi pénale. »

CHAPITRE II.

Quel pouvoir est investi du droit d'édicter la loi pénale ?

§ 22. — Puisque dans la société civile le droit d'édicter la loi pénale existe incontestablement (§ 21): puisque la société civile déclare et exerce ses droits par l'organe d'un pouvoir qui la représente : puisque le pouvoir qui représente la société civile dans la déclaration et dans l'exercice des droits peut, à proprement parler, s'appeler *pouvoir souverain ou souveraineté;* il s'ensuit :

16ᵉ Maxime.

« Le droit d'édicter la loi pénale est inhérent à la
» souveraineté. »

CHAPITRE III.

*Avec quelle circonspection et quelle prudence le pouvoir
investi du droit d'édicter la loi pénale doit-il se comporter dans la formation de cette loi ?*

§ 23. — Puisque la loi pénale sert comme de
règle ou de borne aux actions (§ 16 et 19) : puisqu'elle frappe les infracteurs de la perte ou de la
suspension des droits (§ 18 et 19): puisque, envisagée sous ces rapports essentiels, la loi pénale est
l'opération la plus ardue pour la souveraineté, la
plus sérieuse pour la société : puisque dans une opération pareille il faut procéder avec toute la circonspection et toute la prudence nécessaires pour en assurer autant que possible l'exactitude et la justice ;
il s'ensuit :

17° Maxime.

« Dans la formation de la loi pénale, le pouvoir
» investi du droit d'édicter cette loi, doit procéder
» avec toute la circonspection et toute la prudence
» nécessaires pour en assurer autant que possible
» l'exactitude et la justice. »

LEÇON QUATRIÈME.

CHAPITRE IV.

*Quelles actions le pouvoir investi du droit d'édicter la loi
pénale doit-il assujettir à cette loi?*

§ 24. — Puisque la loi pénale se borne à la défense des actions libres dont la *commission* renverse
ou trouble directement la sûreté ou la tranquillité
sociale, et à l'injonction des actions libres dont l'*o-
mission* renverse ou trouble directement la susdite
sûreté ou tranquillité sociale (§ 17 et 19) : puisqu'il
est essentiel, pour que les actions puissent être frap-
pées par la loi pénale, qu'elles aient, non seulement
le caractère de *mauvaises*, mais encore celui de *nuisibles* directement à la sûreté .ou à la tranquillité
sociale : puisque le caractère d'actions *mauvaises* ne
dépend pas du caprice du législateur, mais de la règle infaillible de la raison naturelle : puisque d'ailleurs une action peut être mauvaise, sans être nuisible directement à la sûreté ou à la tranquillité sociale ; il s'ensuit :

18° Maxime.

« La loi pénale ne peut défendre ou ordonner que
» les actions défendues ou ordonnées par la loi na-
» turelle. »

§ 25.

19e Maxime.

« **Mais** toutes les actions défendues ou ordonnées
» par la loi naturelle ne peuvent être défendues ou
» ordonnées par la loi pénale. »

§ 26.

20e Maxime.

« La loi pénale doit défendre ou ordonner celles
» des actions défendues ou ordonnées par la loi na-
» turelle, qui sont directement nuisibles à la sûreté
» ou à la tranquillité sociale. »

§ 27. — Puisque la loi pénale frappe les actions
directement nuisibles à la sûreté ou à la tranquillité
sociale (§ 26) : puisque les actions *indifférentes* à la
sûreté ou à la tranquillité sociale ne sont pas nuisibles par cela même qu'elles sont *indifférentes* ; il s'ensuit :

21e Maxime.

« La loi pénale ne peut pas frapper les actions
» indifférentes à la sûreté et à la tranquillité so-
» ciale. »

§ 28. — Puisque la loi pénale frappe les actions
directement nuisibles à la sûreté ou à la tranquillité
sociale (§ 26) : puisque le caractère de nuisible doit
résulter de la nature même des actions, et non de
l'opinion et des préjugés du vulgaire ; il s'ensuit :

22ᵉ Maxime.

« La loi pénale doit frapper les actions qui par
» leur propre nature sont directement nuisibles à la
» sûreté ou à la tranquillité sociale, et non celles qui
» sont tenues pour nuisibles par l'opinion et par les
» préjugés du vulgaire. »

§ 29. — Puisque la loi pénale frappe les actions directement nuisibles à la sûreté ou à la tranquillité sociale (§ 26) : puisque les actions imaginaires et chimériques ne peuvent pas être nuisibles à la sûreté ou à la tranquillité sociale, car ce qui n'existe pas, ne saurait avoir la qualité ni d'avantageux, ni de nuisible ; il s'ensuit :

23ᵉ Maxime.

« La loi pénale ne peut frapper que les actions
» qui ont une existence réelle, et non les actions
» imaginaires et chimériques. »

LEÇON CINQUIÈME.

CHAPITRE V.

En quelle langue et en quel style le pouvoir investi du droit d'édicter la loi pénale, doit-il rédiger cette loi?

§ 30. — Puisque la loi pénale est une règle (§ 8)

qui exerce son pouvoir sur les actions (§ 16): puisque, si une règle n'était pas claire, il serait impossible d'y conformer les actions; il s'ensuit:

24ᵉ Maxime.

« La loi pénale doit être claire. »

§ 31. — Puisque la langue varie selon les différentes nations : puisque souvent le langage d'une nation est inintelligible à une autre nation : puisque la loi pénale doit être claire (§ 30): puisque, si elle n'était pas rédigée en langue nationale, elle ne serait pas claire ; il s'ensuit :

25ᵉ Maxime.

« La loi pénale doit être rédigée en langue natio-
» nale. »

§ 32. — Puisque la loi pénale doit être claire (§ 30): puisque là où se trouverait quelque mot vide de sens, ou barbare, ou trop recherché, elle ne serait pas claire ; il s'ensuit :

26ᵉ Maxime.

« Dans la rédaction de la loi pénale il faut éviter
» tout mot vide de sens, ou barbare, ou trop recher-
» ché. »

§ 33. — Puisque la loi pénale doit être claire

(§ 30) : puisque la nécessité inévitable de recourir aux mots techniques engendrerait de l'obscurité, si les mots techniquesn'étaient pas définis ; il s'ensuit :

27ᵉ Maxime.

« Les mots techniques employés dans la rédaction » de la loi pénale doivent être définis. »

§ 34. — Puisque la loi pénale doit être claire (§ 30) : puisqu'elle ne serait pas claire, si, malgré la clarté des mots, la conception tout entière résultant de leur ensemble n'était pas déterminée et capable d'éveiller la même idée dans l'esprit de la généralité ; il s'ensuit :

28ᵉ Maxime.

« Dans la rédaction de la loi pénale il ne suffit pas » d'employer des mots clairs, mais il est encore né- » cessaire que la conception tout entière résultant de » l'ensemble de ces mots soit déterminée et capable » d'éveiller les mêmes idées dans l'esprit de la géné- » ralité. »

§ 35. — Puisque la loi pénale doit être claire (§ 30) : puisqu'elle ne serait pas claire, si le style s'écartait de la simplicité et de la concision ; il s'ensuit :

29ᵉ Maxime.

« Dans la rédaction de la loi pénale il est néces-
» saire d'employer un style qui ne s'écarte pas de
» la simplicité et de la concision. »

§ 36. — Puisque la loi pénale doit être claire
(§ 30) : puisqu'elle ne serait pas claire, si, à cause
d'une ponctuation vicieuse, se produisaient confusion
et équivoque ; il s'ensuit :

30ᵉ Maxime.

« Dans la rédaction de la loi pénale il faut pren-
» dre garde à ne pas employer une ponctuation vi-
» cieuse qui produirait confusion et équivoque. »

CHAPITRE VI.

*Jusqu'à quand le pouvoir investi du droit d'édicter la loi
pénale est-il présumé vouloir conserver en vigueur
une loi promulguée?*

§ 37. — Puisque la loi pénale, en défendant ou en
ordonnant certaines actions, se propose pour but
d'empêcher le renversement ou le trouble de la sûreté ou de la tranquillité sociale (§ 17, 19, 21 et
26) : puisque le danger du renversement ou du trouble de la sûreté ou de la tranquillité sociale peut dis-
paraître par une circonstance quelconque qui sur-

vient : puisque, disparu le danger, disparaît en même
*t*emps le *but* de la loi pénale : puisque, disparu le
but d'une loi, cesse la loi elle-même ; il s'ensuit :

31ᵉ Maxime.

« La disparition du but de la loi pénale produit la
» cessation de la loi pénale elle-même. »

§ 38. — Puisque la loi pénale est un précepte
auquel il faut se conformer (§ 14 à 19) : puisque, si après la promulgation d'une loi pénale,
le législateur promulgue une loi pénale nouvelle, il
faut se conformer aussi à cette dernière : puisque
assez ordinairement il arrive que la loi ancienne et la
loi nouvelle sont en conflit et en complète contradic-
tion : puisque dans le cas en question on se demande :
Dois-je les observer toutes les deux ? — dois-je les
négliger toutes les deux ? — dois-je continuer à observer la loi précédente et négliger la subséquente ?
— dois-je observer la subséquente et négliger la précédente ? — Puisque ce serait de toute impossibilité
que d'observer la loi pénale antérieure et la loi pénale postérieure en même temps, car l'une détruit
l'autre, et il est hors de la pensée que le législateur
ait voulu l'impossible : puisque ce serait méconnaî-
tre le pouvoir législatif que de négliger la loi pénale
antérieure et la loi pénale postérieure à la fois : puisque, pour écarter tout non-sens et pour concilier
toutes sortes de difficultés, le seul moyen c'est de se

conformer à la loi pénale postérieure en négligeant la loi pénale antérieure ; et la raison de cette préférence se puise dans la présomption que le législateur a tacitement et virtuellement donné à la loi pénale subséquente la force abrogative de la loi pénale précédente ; il s'ensuit :

32ᵉ Maxime.

« Une loi pénale est présumée abolie par une loi » pénale postérieure et contradictoire. »

LEÇON SIXIÈME.

TITRE III.

Loi pénale en général, quant aux personnes garanties par cette loi.

§ 59. — Puisque la loi pénale a pour but le maintien et la conservation de la sûreté et de la tranquillité sociale (§ 17, 19, 21 et 26) : puisque la société est un être *moral* et *abstrait*, et qu'elle existe *réellement* dans les individus : puisque la sûreté et la tranquillité sociale ne pourraient pas se dire garanties, si la sûreté et la tranquillité individuelle ne l'étaient pas : puisque de même que tous les individus sont égaux aux yeux de la loi naturelle, source d'où découlent tous les droits garantis par la loi pénale (§ 24 et suiv.), de même ils sont égaux aux yeux de cette dernière et ont droit à la même garantie, sans aucune distinction de sexe, d'âge ou de rang ; il s'ensuit :

33ᵉ maxime.

« La loi pénale doit garantir de la même ma-
» nière tous les individus, sans aucune distinction
» de sexe, d'âge, ou de rang (a). »

§ 40. — Puisque la loi pénale garantit de la même manière tous les individus (§ 39) : puisqu'il est facile de comprendre qu'en fait de loi pénale, il n'y a point de différence entre les nationaux et les étrangers qui habitent le territoire national, autrement il faudrait admettre cette absurdité, que les étrangers soient reçus sur ce territoire pour y être impunément outragés, pillés, assassinés, etc.; il s'ensuit :

34ᵉ maxime.

« La loi pénale doit garantir les étrangers qui

(a) Sauf l'influence des circonstances, dont il est question dans le titre VI du livre suivant.

» habitent le territoire de la même manière que les
» nationaux (a). »

TITRE IV.

*Loi pénale en général, quant aux personnes obligées
à l'observation de cette loi.*

§ 41. — Puisque les théories concernant les personnes obligées à l'observation de la loi pénale peuvent se borner aux quatre points qui suivent :

I. Nécessité de la promulgation de la loi pénale,
et moyens d'effectuer cette promulgation ;

II. Actions soumises à l'empire de la loi pénale,
eu égard au temps ;

III. Indication des personnes sur lesquelles la loi
pénale étend son empire ;

IV. S'il est permis à la volonté privée de déroger
au précepte de la loi pénale :

Puisqu'il faut en traiter séparément : puisque les
titres sont divisés en chapitres (§ 11); il s'ensuit :

35ᵉ maxime.

« Le titre IV, livre 1, relatif à la loi pénale,
» quant aux personnes obligées à l'observation
» de cette loi, se résout en quatre chapitres :

(a) Voy. § 49 note (a).

» Chapitre i. Nécessité de la promulgation de la loi
» pénale, et moyens d'effectuer cette promulgation ;

» Chapitre ii. Actions soumises à l'empire de la
» loi pénale, eu égard au temps ;

» Chapitre iii. Indication des personnes sur les-
» quelles la loi pénale étend son empire ;

» Chapitre iv. S'il est permis à la volonté privée
» de déroger au précepte de la loi pénale. »

CHAPITRE I.

*Nécessité de la promulgation de la loi pénale, et moyens
d'effectuer cette promulgation.*

§ 42. — Puisque c'est seulement à la loi naturelle qu'est inhérent le caractère distinctif d'être
obligatoire indépendamment de tout acte extérieur
qui la fasse connaître aux hommes, car, en fait de
loi naturelle, *raison* et *conscience* ce sont là, pour la
faire connaître, les deux moyens intérieurs dont se
sert le législateur suprême ; moyens irrécusables et
infaillibles, de tous les siècles, de toutes les races
humaines : puisque ce caractère n'appartient pas à
la loi pénale, œuvre des hommes : puisque la loi
pénale est un précepte notifié (§ 15 et 19), et que la
notification constitue un élément intégrant de cette
loi (§ 15 et 19) : puisque, ôté le caractère de loi
notifiée, on ôte toute force obligatoire à la loi pénale : puisque la notification s'appelle promulgation
en langage technique ; il s'ensuit :

36ᵉ maxime.

« La loi pénale ne peut pas acquérir le caractère
» d'obligatoire sans la promulgation. »

§ 43. — Puisque le but de la promulgation est de
notifier l'existence de la loi, et de donner à cette loi
le caractère d'obligatoire (§ 42) : puisque, pour atteindre ce but, il faut employer des moyens corres-
pondants : puisque les moyens destinés à effectuer
la promulgation de la loi pénale ne seraient pas cor-
respondants au but, s'ils ne consistaient dans des
solennités capables de nous offrir la *certitude rationnelle* que la loi pénale est parvenue à la connaissance des personnes obligées à l'observation de cette
loi ; il s'ensuit :

37ᵉ maxime.

« La promulgation de la loi pénale doit s'effectuer
» au moyen de solennités capables de nous offrir la
» *certitude rationnelle* que la loi pénale est parvenue
» à la connaissance des personnes obligées à l'obser-
» vation de cette loi. »

LEÇON SEPTIÈME.

CHAPITRE II.

Actions soumises à l'empire de la loi pénale, eu égard au temps (a).

§ 44. — Puisque la loi pénale est l'œuvre des hommes, et que, dès-lors, elle n'existe que par suite de la promulgation (§ 42) : puisque de là il résulte que la loi pénale ne doit pas s'appliquer aux faits passés, mais uniquement aux actions à venir : puisque si la loi pénale pouvait avoir un effet rétroactif, il en résulterait la destruction de la liberté civile, laquelle consiste précisément dans la faculté de faire tout ce qui n'est pas défendu, et de négliger tout ce qui n'est pas commandé par la loi même : puisque la loi pénale qui tournerait son féroce regard sur les actions déjà passées, serait plus épouvantable que le poignard du lâche assassin qui attend de guet-apens, et qui frappe par trahison : puisque ces motifs sont applicables non seulement lorsque la loi pénale érige en actions punissables des faits qui ne l'étaient pas auparavant, mais encore lorsqu'une loi pénale postérieure menace quelque action punissable d'une peine plus sévère que celle portée par la loi précédente; il s'ensuit :

(a) On voit au premier coup-d'œil la différence entre la matière de ce chapitre et celle du chapitre iv, titre II, livre I,

38ᵉ maxime.

« La loi pénale ne regarde que les actions à ve-
» nir.

» Elle n'a point d'effet rétroactif toutes les fois
» qu'elle érige en actions punissables des faits qui
» ne l'étaient pas auparavant, ou qu'elle menace
» quelque action punissable d'une peine plus sévère
» que celle qui était portée par la loi précédente. »

§ 45. — Puisque le législateur, en effaçant une
action de la liste des actions punissables, nous donne
une démonstration de fait qu'à l'avenir une pareille
action pourra avoir lieu impunément, et que de
même, lorsque le législateur, en vertu d'une loi postérieure, diminue la peine dont une loi pénale
préexistante menaçait une certaine action, il nous
offre une démonstration de fait qu'à l'avenir une
peine plus douce sera suffisante pour prévenir une
pareille action: puisque, bien qu'à première vue, il
semble que l'auteur de chaque action punissable
doive en subir les conséquences selon la loi en vigueur à l'époque de l'action; néanmoins, dans les
deux cas signalés ci-dessus, l'application de la loi
antérieure par préférence à la loi postérieure, serait
l'effet de cette fausse opinion, *qu'il faut réprimer une
action par cela seul qu'elle a violé la loi*, plutôt que la
suite de cette saine et incontestable maxime, que *la
nécessité seule peut autoriser l'application d'une peine*

quelconque, ou le choix d'une peine plus sévère par pré-
férence à une peine plus douce (voy. liv. III): puisque,
dans le cas dont il s'agit, l'existence d'une pareille
nécessité est contredite par le fait même de la loi pénale subséquente ; il s'ensuit :

39ᵉ Maxime.

« La disposition législative qui efface une action
» de la liste des actions punissables, ou qui frappe
» cette action de peine moins sévère, doit avoir un
» effet rétroactif. »

§ 46. — Puisque la loi pénale n'a point d'effet rétroactif lorsqu'elle est plus sévère que la loi pénale
préexistante (§ 44), et que la disposition législative
moins sévère que la loi pénale préexistante doit,
au contraire, rétroagir (§ 45) : puisque les motifs
qui animent ces maximes sont applicables aussi bien
dans le cas où la comparaison s'établit entre deux
dispositions législatives différentes, que dans le cas
où elle s'établit entre plus de deux dispositions législatives; il s'ensuit :

40ᵉ Maxime.

« Si, à partir de l'époque où l'action a été com-
» mise, il se trouve deux ou plus de deux dispositions
» législatives différentes entre elles, c'est la dis-
» position la moins sévère qui doit être appliquée. »

§ 47. — Puisque les maximes 38, 39 et 40 (§ 44,

45 et 46) sont relatives au cas d'une loi qui impose, augmente, abolit ou diminue une peine: puisqu'il n'y a rien de commun entre ce cas et celui dans lequel l'infracteur ou la personne offensée aurait, postérieurement, une qualité différente de celle qu'il avait au moment de l'action ; il s'ensuit :

41ᵉ Maxime.

» Les maximes nᵒ 38 , 39 et 40 (§ 44 , 45 et 46)
» ne sont pas applicables au cas dans lequel l'infrac-
» teur ou la personne offensée aurait, postérieure-
» ment , une qualité différente de celle qu'il avait
» au moment de l'action. »

LEÇON HUITIÈME.

CHAPITRE III.

Indication des personnes sur lesquelles la loi pénale étend son empire.

§ 48. Puisque la loi pénale n'a d'autre but que le maintien et la conservation de la sûreté et de la tranquillité sociale (§ 17, 19, 21 et 26) : puisqu'elle serait viciée dans son essence, et qu'elle ne pourrait pas atteindre son but, si son empire ne s'étendait de la même manière sur tous, sans aucune distinction de sexe, d'âge ni de rang ; il s'ensuit :

42ᵉ Maxime.

« La loi pénale doit étendre également son em-
» pire sur tous, sans aucune distinction de sexe,
» d'âge ni de rang. (a) »

§ 49. Puisque la loi pénale étend également son empire sur tous (§ 48) : puisque si cet empire s'étendait seulement aux nationaux, sans que les étrangers y fussent compris, il en résulterait cette conséquence absurde et bien plus terrible que celle mentionnée dans la maxime 34 (§ 40), savoir, que tout étranger pourrait s'introduire sur le territoire national, et y commettre impunément toute espèce d'infraction aux lois ; il s'ensuit :

43ᵉ Maxime.

« La loi pénale étend son empire sur les étrangers
» qui habitent le territoire, tout aussi bien que sur
» les nationaux. (b) »

(a) Sauf tout ce qu'on dira dans le livre suivant au sujet de la *connaissance du fait, et des circonstances.*

(b) Il est à souhaiter que de ce qu'on a dit ici et dans la maxime 34 (§ 40) personne ne tire cette conséquence, que les actions commises sur le territoire national soient les seules que puisse frapper la loi pénale. — Dans le *Commentaire sur les maximes contenues dans ces leçons* je tâcherai d'établir le plus exactement qu'il me sera possible, sous quelles conditions les actions punissables, commises dans des pays étrangers, peuvent être réprimées par les autorités judiciaires nationales.

CHAPITRE IV.

S'il est permis à la volonté privée de déroger au pré-cepte de la loi pénale.

§ 50. Puisque toutes les lois d'un état, quelle que soit d'ailleurs la dénomination sous laquelle on veuille nous les présenter, en définitive, se réduisent à deux catégories : 1º lois destinées à attribuer certains avantages à des individus en particulier, ou en d'autres termes, *lois d'intérêt privé*; 2º lois destinées directement au maintien et à la conservation de la sûreté et de la tranquillité sociale, ou en d'autres termes, *lois d'ordre public*: puisque c'est spécialement aux individus privés auxquels sont attribués certains avantages qu'appartient le droit à l'observation des lois de la première catégorie; et que ce n'est pas à eux, mais à l'être collectif, à la société tout entière personnifiée, qu'appartient le droit à l'observation des lois de la seconde catégorie : puisque nul ne peut renoncer qu'aux droits qui lui appartiennent; il s'ensuit :

44· Maxime.

« La volonté privée peut bien déroger aux pré-
» ceptes des lois d'intérêt privé; mais elle ne peut
» aucunement déroger aux préceptes des lois d'or-
» dre public. »

§ 51. Puisque la loi pénale tend au maintien et à

la conservation de la sûreté et de la tranquillité sociale (§ 17, 19, 21 et 26) : puisque toutes les lois qui
tendent au maintien et à la conservation de la sûreté
et de la tranquillité sociale, sont *lois d'ordre public*
(§ 50) : puisque la volonté privée ne peut aucunement déroger aux préceptes des lois d'ordre public
(§ 50) ; il s'ensuit :

45ᵉ Maxime.

« La volonté privée ne peut aucunement déroger
» au précepte de la loi pénale. »

LEÇON NEUVIÈME.

TITRE V.

*Loi pénale en général, quant aux personnes employées à
appliquer cette loi.*

§ 52. Puisque la loi pénale en général, quant aux
personnes employées à appliquer cette loi, peut avoir
un triple objet, savoir :

1° Nécessité d'un pouvoir judiciaire, et personnes
chargées de l'exercer ;

2° Limites fixées aux personnes chargées de l'exercice du pouvoir judiciaire ;

3° Usage de l'interprétation doctrinale dans les
matières pénales :

Puisqu'il faut en traiter séparément : puisque les titres sont divisés en chapitres (§ 11) ; il s'ensuit :

46. Maxime.

« Le titre V, livre I, relatif à la loi pénale en gé-
» néral, quant aux personnes employées à appliquer
» cette loi, se divise en trois chapitres :
» CHAPITRE I. Nécessité d'un pouvoir judiciaire,
» et personnes chargées de l'exercer ;
» CHAPITRE II. Limites fixées aux personnes char-
» gées d'exercer le pouvoir judiciaire ;
» CHAPITRE III. Usage de l'interprétation doctri-
» nale dans les matières pénales. »

CHAPITRE I.

*Nécessité d'un pouvoir judiciaire, et personnes chargées
de l'exercer.*

§ 53. — Puisqu'une loi pénale ne serait rien sans la confiance de la voir appliquer aux faits certains d'infraction : puisqu'on ne peut faire naître cette confiance autrement que par l'institution d'un pouvoir spécialement chargé de l'application de la loi au fait : puisque l'on peut bien donner le nom de *pouvoir judiciaire* à celui qui est chargé de l'application de la loi au fait ; il s'ensuit ;

47° Maxime.

« L'institution du pouvoir judiciaire est d'une ab-
» solue nécessité. »

§ 34. — Puisque d'un côté il est réellement impossible que le pouvoir législatif puisse pourvoir lui-
même à l'application de la loi aux nombreux faits
positifs : puisque, cela fût-il possible, il ne serait pas
convenable à la souveraineté de s'immiscer dans
l'exercice du pouvoir judiciaire, ne fût-ce que par
cette seule raison (et il y en a bien d'autres encore), qu'elle ne doit pas s'exposer au funeste re-
proche de partialité et d'injustice dans le ministère
redouté de l'application de la loi au fait : puisque,
pour que la loi ne demeure pas sans gardiens char-
gés d'en surveiller l'observation, et d'en punir les infracteurs, il est indispensable de confier le pouvoir
judiciaire à des fonctionnaires publics, afin qu'ils
exercent ce pouvoir au nom de la souveraineté ; il
s'ensuit :

48° Maxime.

« Le pouvoir judiciaire, séparé du pouvoir légis-
» latif, doit être confié à des fonctionnaires publics,
» afin qu'ils exercent ce pouvoir au nom de la sou-
» veraineté. »

CHAPITRE II.

Limites fixées aux personnes chargées d'exercer le pouvoir judiciaire.

§ 55. — Puisque le pouvoir judiciaire doit appliquer la loi au fait au nom de la souveraineté (§ 53 et 54) : puisque si les personnes chargées de l'exercice du pouvoir judiciaire pouvaient établir des mesures législatives, elles ne seraient plus employées seulement à appliquer la loi au fait au nom de la souveraineté, mais elles s'arrogeraient le pouvoir législatif lui-même ; il s'ensuit :

49ᵉ Maxime.

« Les attributions des personnes chargées d'exer-
» cer le pouvoir judiciaire sont exclusivement limi-
» tées à l'application de la loi au fait, et il demeure
» interdit à ces personnes de prendre aucune me-
» sure législative quelconque. »

CHAPITRE III.

Usage de l'interprétation doctrinale dans les matières pénales.

§ 56. — Puisque le pouvoir judiciaire doit appliquer la loi au fait (§ 55) : puisqu'il n'est pas toujours possible d'adapter un texte précis de la loi à la diversité des faits qui se présentent, ni de trouver pour chaque fait précis une loi claire : puisque, en quelque système de codification que ce soit, ce n'est pas un phénomène extraordinaire que le silence, ou l'ambiguité et l'obscurité de la loi : puisqu'il arrive, tantôt qu'on ne supplée pas immédiatement à ces lacunes, tantôt qu'on y supplée au moyen de l'*interprétation authentique*, c'est-à-dire de celle qui émane de la puissance législative elle-même en forme de *disposition réglementaire*, *de disposition générale*, *de loi interprétative*, etc.: puisque, lorsqu'il n'est pas suppléé à ces lacunes, le juge, livré à soi-même, doit chercher dans le sein de la science le moyen de sortir du labyrinthe : puisque la science lui offre *l'interprétation doctrinale:* puisque, en ce qui touche l'usage de l'interprétation doctrinale, la raison même des choses marque une différence entre les matières civiles et les matières pénales : puisque, dans les matières civiles, au moment qu'une contestation s'est élevée entre deux parties, il est de toute nécessité que le juge attribue à chacun les droits qui lui reviennent, sans pouvoir refuser de se prononcer sous prétexte du silence, ou de l'ambiguité et de l'obscurité de la loi : puisque, dans les matières pénales, la loi ne frappe pas toute espèce d'action mauvaise ; mais que, au contraire, la loi pénale se borne à réprimer un nombre très-restreint d'actions mauvaises (§ 17, 19, 21 et 26), et qu'elle ne frappe pas sans avoir préalablement averti (§ 15, 19 et 42) : puisque de là dérive, premièrement que dans le cas du silence de la loi, il faut conclure de ce silence que l'action dont il s'agit est restée dans la foule nombreuse des actions permises ou tolérées par la loi et abandonnées uniquement à l'empire de la morale et de la religion ; secondement, que dans le cas de l'ambiguïté et de l'obscurité de la loi pénale, il faut interpréter cette loi dans le sens le plus favorable à l'auteur de l'action en question ; il s'ensuit :

50ᵉ Maxime.

« Dans les matières civiles, nonobstant le silence
» ou l'ambiguïté et l'obscurité de la loi, le juge est
» obligé d'appliquer cette loi des cas prévus aux cas
» non prévus, et d'en éclaircir les points équivoques
» et obscurs par des points certains et évidents.
» Dans les matières pénales, il est défendu au
» juge d'appliquer la loi du cas prévu au cas non
» prévu, et toute espèce d'ambiguïté et d'obscurité
» doit être résolue dans le sens le plus favorable à
» l'auteur de l'action en question. »

LEÇON DIXIÈME.

LIVRE II.

Action punissable en général, ou série de raisonnements destinés à nous représenter la connaissance la plus distincte possible de l'action punissable en général.

§ 57. — Puisque les théories du Livre II, relatif à l'action punissable en général, peuvent regarder :

I. La définition du *délit (a)* ;

II. La détermination des deux éléments essentiels qui doivent concourir dans un fait, pour que l'on puisse attribuer à ce fait le caractère de délit, savoir : *liberté dans l'agent* et *détriment social* inhérent au fait ;

III. La mesure de la gravité d'un fait que l'on érige en délit, prise non seulement des deux éléments essentiels : *liberté dans l'agent* et *détriment social inhérent au fait*, mais aussi de l'intervention des circonstances ;

IV. L'examen de la liberté dans l'agent ;

(a) *Délit.* Dans l'original italien on dit : *reato* ; ce mot technique qui comprend toute espèce d'infraction à la loi pénale, savoir : *crime, délit* et *contravention.* La législation française n'ayant pas de terme générique, on a été obligé quelquefois, dans cette traduction, de recourir à l'expression *action punissable.* Mais, pour amour de la brièveté, il vaut mieux se servir du mot *délit* adopté dans une signification générique.

Cet avertissement est donné une fois pour toutes.

V. L'examen du détriment social inhérent au fait;

VI. L'examen des circonstances intervenant dans le fait;

VII. La mesure de l'imputabilité de chacun des agents, lorsque le fait est l'enfantement du concours de plusieurs agents, ce qui constitue la théorie de la *corréité (a)* et de la *complicité;*

VIII. Les différentes obligations résultant du délit;

IX. Les différentes manières dont s'éteignent les différentes obligations résultant du *délit:*

Puisqu'il faut traiter de ces théories séparément: puisque les livres sont divisés en titres (§ 11); il s'ensuit :

51ᵉ Maxime.

« Le Livre II, relatif à l'action punissable en gé-
» néral, se divise en neuf titres :

» TITRE I. Définition du délit;

» TITRE II. Détermination des deux éléments es-
» sentiels qui doivent concourir dans un fait, pour
» que l'on puisse attribuer à ce fait le caractère de
» *délit,* savoir : *liberté dans l'agent* et *détriment social*
» *inhérent au fait ;*

(a) *Corréité.* Dans l'original italien on dit : *correità.* Dans la traduction on se sert du mot *corréité,* bien qu'il ne soit pas communément reçu en français, parce qu'il n'en existe pas d'autre dans cette langue, pour désigner le lien qui unit entre eux les divers auteurs principaux, ou *coauteurs,* d'un même délit.

» Titre iii. Mesure de la gravité d'un fait que
» l'on érige en *délit*, prisé non seulement des deux
» éléments essentiels : *liberté dans l'agent* et *détriment*
» *social inhérent au fait*, mais aussi de l'intervention
» des circonstances ;

» Titre iv. Examen de la liberté dans l'agent ;

» Titre v. Examen du détriment social inhérent
» au fait ;

» Titre vi. Examen des circonstances interve-
» nant dans le fait ;

» Titre vii. Corréité et complicité ;

» Titre viii. Différentes obligations résultant du
» *délit ;*

» Titre ix. Différentes manières dont s'éteignent
» les différentes obligations résultant du *délit.* »

TITRE I.

Définition du délit.

§ 58. — Puisque *loi pénale*, *délit* et *peine* sont trois
termes en association nécessaire (§ 10) : puisque
l'existence du *délit* est tout-à-fait inconcevable sans
l'existence de la *loi pénale* : puisque la création de la
loi pénale ne doit pas dépendre du caprice du législateur, mais des principes éternels de raison pure,
combinés avec la nécessité du maintien et de la conservation de la sûreté et de la tranquillité sociale
(§ 13 à 19, 24 à 29) : puisque toutes les fois que
dans la loi pénale interviennent les propres carac-

tères de cette loi, et que l'on ne confond pas son nom sacré avec le bizarre enfantement d'un esprit infirme ou d'un cœur perverti, il suffit de dire que le *délit* est *l'action violatrice de la loi pénale*, pour que l'on ait donné la définition du *délit*; il s'ensuit :

52ᵉ Maxime.

« Le *délit* est l'action violatrice de la loi pénale. »

TITRE II.

Détermination des deux éléments essentiels qui doivent concourir dans un fait, pour que l'on puisse attribuer à ce fait le caractère de délit, savoir : liberté dans l'a-gent et détriment social inhérent au fait.

§ 59. — Puisqu'il y a une grande différence entre le *délit* et *l'action susceptible d'être qualifiée de délit*, bien que toute action susceptible d'être qualifiée de délit doive être convertie en *délit* : puisque la diffi-culté ne consiste pas dans la définition du *délit*, le-quel suppose déjà l'existence de la *loi pénale* (§ 58), mais dans la détermination des caractères essentiels qui doivent concourir dans un fait, pour que la main du législateur puisse frapper ce fait de sanction pé-nale, et convertir ainsi une *action susceptible d'être qualifiée de délit* en une action *qualifiée de délit*, au moyen de la confection de la loi pénale : puisque, à cet égard, il est nécessaire de recourir aux principes répandus dans le livre Iᵉʳ : puisque, dans le susdit livre, on a dit :

1° Que la loi pénale exerce son pouvoir sur les actions libres (§ 16 et 19) ; 2° que loi pénale frappe seulement les actions libres mauvaises qui sont directement nuisibles à la sûreté ou à la tranquillité sociale (§ 17, 19, 25 et suiv.), c'est-à-dire seulement les actions libres qui apportent un *détriment social* ; il s'ensuit :

53ᵉ Maxime.

« Pour qu'un fait puisse être qualifié de délit, il
» est nécessaire qu'il offre le concours simultané de
» deux éléments essentiels, l'un *moral*, l'autre *ma-*
» *tériel*.

» L'élément essentiel moral est la liberté dans
» l'agent *(a)*.

» L'élément essentiel matériel est le détriment so-
» cial inhérent au fait. »

§ 60. — C'est-à-dire :

54ᵉ Maxime.

« La liberté dans l'agent, isolée du détriment so-
» cial inhérent au fait, n'autorise pas à faire d'un
» fait un *délit*. »

§ 61.

55ᵉ Maxime.

« Le détriment social inhérent au fait, isolé de la

(a) Pour la signification du mot *liberté*, voyez § 102 et suivants.

» liberté dans l'agent, n'autorise pas à faire d'un fait
» un *délit*. »

§ 62.

56ᵉ Maxime.

« Pour qu'un fait puisse être converti en *délit*, il
» est nécessaire qu'il offre le concours simultané de
» la liberté dans l'agent et du détriment social inhé-
» rent au fait. »

§ 63. — Puisque, dans un fait, on peut donner
le nom d'*imputabilité morale* au concours de la liberté
dans l'agent; celui d'*imputabilité physique* au concours du détriment social; et celui d'*imputabilité politique* au concours simultané de la liberté dans l'a-
gent et du détriment social; il s'ensuit :

57ᵉ Maxime.

« Dans un fait, le concours de la liberté dans l'a-
» gent constitue l'imputabilité morale de ce fait. »

§ 64.

58ᵉ Maxime.

« Dans un fait, le concours du détriment social
» constitue l'imputabilité physique de ce fait. »

§ 65.

59ᵉ Maxime.

« Dans un fait, le concours simultané de la liberté
» dans l'agent et du détriment social constitue l'im-
» putabilité politique de ce fait. »

LEÇON ONZIÈME.

TITRE III.

*Mesure de la gravité d'un fait que l'on érige en délit,
prise non seulement des deux éléments essentiels : liberté dans l'agent et détriment social inhérent au fait,
mais aussi de l'intervention des circonstances.*

§ 66. — Puisque la liberté dans l'agent est un
élément essentiel, pour qu'un fait puisse être qualifié de délit (§ 59 et suiv.) : puisque la quantité d'un
être quelconque est en raison directe de la quantité
de chacun des éléments essentiels qui composent cet
être ; il s'ensuit :

60ᵉ Maxime.

« La gravité d'un fait que l'on érige en délit est
» en raison directe de la liberté dans l'agent. »

§ 67. — Puisque le détriment social inhérent au
fait est aussi un élément essentiel, pour qu'un fait
puisse être qualifié de *délit* (§ 59 et suiv.) : puisque
la quantité d'un être quelconque est en raison directe
de la quantité de chacun des éléments essentiels qui
composent cet être ; il s'ensuit :

61ᵉ Maxime.

« La gravité d'un fait que l'on érige en *délit* est

» aussi en raison directe du détriment social inhé-
» rent au fait. »

§ 68. — Puisque, bien que la liberté dans l'agent
et le détriment social inhérent au fait soient les deux
éléments essentiels, pour qu'un fait puisse être qualifié de *délit* (§ 59 et suiv.), et bien que la gravité
d'un fait érigé en délit soit en raison directe de la liberté dans l'agent (§ 66), et en raison directe du
détriment social inhérent au fait (§ 67); néanmoins
il y a aussi des *circonstances* qui peuvent considéra-
blement contribuer à rendre un tel fait plus grave ou
plus léger dans l'exacte balance de la raison pure et
de la raison légale : puisqu'on appelle *aggravantes* les
circonstances qui contribuent à rendre plus *grave* le
fait que l'on érige en *délit,* et *atténuantes* les circonstances qui contribuent à rendre plus *léger* le fait susdit (voy. titre VI); il s'ensuit :

62ᵉ Maxime.

« La gravité d'un fait que l'on érige en délit est
» aussi en raison directe des circonstances *aggra-*
» *vantes,* et en raison inverse des circonstances *at-*
» *ténuantes.* »

§ 69. — Puisque la gravité d'un fait que l'on
érige en *délit* est en raison directe de la liberté dans
l'agent (§ 66), et en raison directe du détriment social inhérent au fait (§ 67), et en raison directe des

circonstances *aggravantes,* et en raison inverse des circonstances *atténuantes* (§ 68); il s'ensuit :

63ᵉ Maxime.

« La gravité d'un fait que l'on érige en *délit* est
» en raison composée de la raison directe de la li-
» berté dans l'agent , de la raison directe du détri-
» ment social inhérent au fait , et de la raison directe
» des circonstances aggravantes et de la raison in-
» verse des circonstances atténuantes. »

§ 70. — Puisque la liberté dans l'agent et le dé-triment social inhérent au fait , en même temps qu'ils servent de mesure à la gravité d'un fait que l'on érige en délit (§ 66, 67 et 68), en constituent les deux éléments essentiels (§ 59 et suiv.) : puisque les circonstances aggravantes, tout en contribuant à rendre plus grave le fait que l'on érige en délit (§ 68 et 69), ne forment pas un *élément intégrant* pour que ce même fait puisse être qualifié de *délit* : puisque les circonstances atténuantes, tout en contribuant à ren-dre plus léger un fait que l'on érige en délit (§ 68 et 69), ne détruisent pas le caractère en raison du-quel un tel fait peut être qualifié de *délit;* il s'en-suit :

64ᵉ Maxime.

« Le concours simultané de la liberté dans l'agent
» et du détriment social inhérent au fait est un titre

» suffisant pour convertir un fait en *délit*, bien qu'il
» n'intervienne aucune circonstance aggravante. »

§ 71.

65· Maxime.

« Une circonstance.aggravante augmente la gra-
» vité d'un fait que l'on érige en *délit*, lorsqu'elle y
» intervient, mais son intervention n'est pas néces-
» saire pour qu'un fait soit converti en *délit*. »

§ 72.

66· Maxime.

« Le concours simultané de la liberté dans l'agent
» et du détriment social inhérent au fait est un titre
» suffisant pour convertir un fait en *délit*, malgré
» l'intervention d'une circonstance atténuante quel-
» conque. »

§ 73.

67· Maxime.

« Une circonstance atténuante diminue la gravité
» d'un fait que l'on érige en *délit*, lorsqu'elle y inter-
» vient; mais son intervention ne détruit pas le ca-
» ractère en raison duquel un fait peut être converti
» en délit. »

LEÇON DOUZIÈME.

TITRE IV.

Examen de la liberté dans l'agent.

§ 74. — Puisqu'il n'est pas possible de concevoir l'idée de liberté dans l'agent, sans supposer en lui la *capacité* de *vouloir* et de *non* vouloir, c'est-à-dire l'*aptitude* à choisir plutôt de *vouloir* un certain fait, que *de ne pas le vouloir* : puisque, d'un autre côté, il n'est pas possible de concevoir l'idée de volonté dans l'agent sans la *connaissance du fait*, c'est-à-dire sans la perception de la *qualité* et des *rapports* de ce fait : puisque, cependant, il est fort possible de concevoir la *connaissance du fait* isolée de la *volonté dans l'agent*, ainsi que la *volonté dans l'agent* isolée de la liberté dans l'agent *(a)*; il s'ensuit :

68ᵉ Maxime.

« La liberté dans l'agent suppose la volonté dans
» l'agent, et la connaissance du fait. »

§ 75.

69ᵉ Maxime.

« La volonté dans l'agent suppose la connaissance
» du fait, mais non la liberté dans l'agent. »

(a) Voyez §§ 102 et suivants.

§ 76.

70ᵉ Maxime.

« La connaissance du fait ne suppose pas la vo-
» lonté dans l'agent, et moins encore la liberté dans
» l'agent. »

§ 77. — Et de cela :

71ᵉ Maxime.

« Un fait dont l'agent n'a pas de connaissance ne
» peut pas être qualifié de volontaire et moins encore
» de libre. »

§ 78.

72ᵉ Maxime.

« Un fait dont l'agent a la connaissance, s'il n'est
» pas accompagné de la volonté dans l'agent, ne
» peut pas être qualifié de libre. »

§ 79.

73ᵉ Maxime.

« Un fait dont l'agent a la connaissance, et dans
» lequel intervient la volonté dans l'agent, peut
» n'être pas libre. »

§ 80.

74ᵉ Maxime.

« Dans un fait, le caractère de *libre* dépend :
» 1° De la connaissance du fait ;
» 2° De la volonté dans l'agent ;
» 3° De la liberté dans l'agent. »

§ 81. — Puisque, dans un fait, le caractère de libre dépend : 1° de la connaissance du fait ; 2° de la volonté dans l'agent ; 3° de la liberté dans l'agent (§ 80) : puisque le caractère de libre, dans un fait, constitue l'imputabilité morale de ce fait (§ 63) ; il s'ensuit :

75ᵉ Maxime.

« On peut se servir indifféremment des deux locu-
» tions suivantes : I. Dans un fait, le caractère de
» *libre* dépend : 1° de la connaissance du fait ; 2° de
» la volonté dans l'agent ; 3° de la liberté dans l'a-
» gent.

» II. Dans un fait, l'*imputabilité morale* dépend :
» 1° de la connaissance du fait ; 2° de la volonté dans
» l'agent ; 3° de la liberté dans l'agent. »

§ 82. — Puisque la liberté dans l'agent est un élément essentiel pour qu'un fait puisse être qualifié de *délit* (§ 59) : puisque, dans un fait, le caractère de libre dépend de trois sources : 1° de la connaissance du fait; 2º de la volonté dans l'agent; 5º de la liberté dans l'agent (§ 81) : puisqu'il est nécessaire de parler avec plus d'étendue des trois sources d'où dépend l'existence d'un élément essentiel, pour qu'un fait puisse être qualifié de *délit* : puisque, par rapport à la liberté dans l'agent, il faut parler aussi 1º de la distinction du fait libre en fait libre avec dol, et fait libre avec faute; 2º du fait libre mêlé de dol et de faute : puisqu'il faut en traiter séparément : puisque les titres sont divisés en chapitres (§ 11); il s'ensuit :

76ᵉ Maxime.

« Le titre IV, livre II, relatif à l'examen de la li-
» berté dans l'agent, se divise en cinq chapitres :
» CHAPITRE I. Connaissance du fait;
» CHAPITRE II. Volonté dans l'agent;
» CHAPITRE III. Liberté dans l'agent;
» CHAPITRE IV. Distinction du fait libre en fait
libre avec dol, et fait libre avec faute;
» CHAPITRE V. Fait libre mêlé de dol et de
» faute. »

LEÇON TREIZIÈME.

CHAPITRE I.

Connaissance du fait.

§ 83.—Puisque la matière du chapitre I, titre IV, livre II, relatif à la connaissance du fait, peut regarder :

I. La désignation des êtres capables d'acquérir la connaissance d'un fait;

II. L'indication des deux conditions nécessaires pour acquérir la connaissance d'un fait;

III. L'examen de la première condition;

IV. L'examen de la seconde condition :

Puisqu'il faut traiter séparément de ces quatre objets : puisque les chapitres sont divisés en sections (§ 11); il s'ensuit :

77ᵉ Maxime.

« Le chapitre I, titre IV, livre II, relatif à la con-
» naissance du fait, se divise en quatre sections :
» Section i. Désignation des êtres capables d'ac-
» quérir la connaissance d'un fait;
» Section ii. Indication des deux conditions néces-
» saires pour acquérir la connaissance d'un fait;
» Section iii. Examen de la première condition;
» Section iv, Examen de la seconde condition. »

SECTION I.

Désignation des êtres capables d'acquérir la connaissance d'un fait.

§ 84. — Puisque la connaissance d'un fait consiste dans la perception de la *qualité* et des *rapports* du fait lui-même (§ 74) : puisque une pareille perception ne peut pas se concevoir sans l'intervention d'une *puissance intellectuelle*, ce principe moral qui forme la *raison législatrice* de la volonté : puisque, parmi tous les êtres qui nous environnent, les hommes seuls sont doués du bienfait précieux de l'*intelligence* ou *raison* ; il s'ensuit :

78ᵉ Maxime.

« Parmi les êtres qui nous environnent, les hom-
» mes seuls sont capables d'acquérir la connaissance
» d'un fait. »

§ 85. — Puisque les hommes seuls sont capables d'acquérir la connaissance d'un fait (§ 84) : puisque nul fait ne peut avoir le caractère de *moralement* imputable sans la connaissance de ce fait acquise par l'agent (63 et 84) ; il s'ensuit :

79ᵉ Maxime.

« Les faits des hommes seuls peuvent être mora-
» lement imputables. »

SECTION II.

Indication des deux conditions nécessaires pour acquérir la connaissance d'un fait.

§ 86. — Puisque la connaissance d'un fait consiste dans la perception de la *qualité* et des *rapports* de ce fait (§ 74) : puisque, pour obtenir une pareille perception, il est nécessaire que l'objet soit présent à l'âme, et que la puissance intellectuelle l'examine : puisque, pour que l'objet soit présent à l'âme, et qu'il tombe sous l'examen de la puissance intellectuelle, il est nécessaire que les organes des sens en reçoivent l'impression et qu'ils la transmettent à l'âme ; il s'ensuit :

80ᵉ maxime.

« Pour qu'il y ait connaissance d'un fait, deux
» conditions sont nécessaires :
» 1° Que les organes des sens reçoivent l'impres-
» sion de l'objet et qu'il la transmettent à l'âme ;
» 2° Que l'impression transmise à l'âme tombe
» sous l'examen de la puissance intellectuelle. »

LEÇON QUATORZIÈME.

SECTION III.

Examen de la première condition, savoir :
Que les organes des sens reçoivent l'impression de l'objet et qu'ils la transmettent à l'âme.

§ 87.— Puisque pour obtenir la connaissance d'un fait, c'est une des conditions nécessaires que les organes des sens reçoivent l'impression de l'objet, et qu'ils la transmettent à l'âme (§ 86) : puisque cela ne peut aucunement se réaliser sans supposer :

1. Que l'organe correspondant des sens existe ;

2. Que le même organe ne se trouve pas incapable, par une cause accidentelle quelconque, de l'exercice des fonctions qui lui sont propres ;

3. Que l'objet se mette en rapport avec l'organe correspondant des sens, et y produise impression ;

4. Que l'impression reçue par l'organe correspondant des sens ne soit pas trompeuse ; il s'ensuit :

81ᵉ Maxime.

« Il n'y a point connaissance d'un fait là où il y a :
» 1º Défaut de l'organe des sens destiné à recevoir
» l'impression de l'objet ;
» 2º Incapacité du susdit organe, par une cause
» accidentelle quelconque, à l'exercice des fonctions
» qui lui sont propres ;

» 3º Défaut du rapport nécessaire entre l'objet et
» l'organe correspondant des sens, pour produire
» sur cet organe l'impression ;

» 4º Trompeuse impression de l'objet opérée sur
» l'organe correspondant des sens. »

§ 88. — Et puisque le défaut de la connaissance
d'un fait implique le défaut du caractère de *libre* ou
de *moralement imputable* (§ 80 et 81); il s'ensuit :

82ᵉ Maxime.

« Il n'y a point d'imputabilité morale là où il
» y a :

» 1º Défaut de l'organe des sens destinés à rece-
» voir l'impression de l'objet ;

» 2º Incapacité du susdit organe, par une cause
» accidentelle quelconque, à l'exercice des fonctions
» qui lui sont propres ;

» 3º Défaut du rapport nécessaire entre l'objet et
» l'organe correspondant des sens , pour produire sur
» cet organe l'impression ;

» 4º Trompeuse impression de l'objet opérée sur
» l'organe correspondant des sens *(a)*. »

§ 89. — Puisqu'il n'y a point d'imputabilité morale là où il y a trompeuse impression de l'objet

---

(a) Sans préjudice de ce qui sera dit dans le chapitre ɪv du
présent titre à l'égard de la faute.

opérée sur l'organe correspondant des sens (§ 88 —
4°) : puisque de là résulte que le défaut d'imputabilité morale s'étend aussi loin que s'étend l'impression trompeuse dans le fait : puisque, pour mieux
éclaircir cette proposition, il est utile de se représenter les diverses combinaisons possibles à cet
égard : puisque ces combinaisons se réduisent à
cinq, savoir :

1° L'impression reçue indique un fait en apparence comme non criminel, tandis que ce fait est
criminel en soi-même ;

2° L'impression reçue indique un fait en apparence comme criminel, tandis que ce fait n'est pas
criminel en soi-même ;

3° L'impression reçue indique un fait en apparence comme moins criminel, tandis que ce fait est
plus criminel en soi-même ;

4° L'impression reçue indique un fait en apparence comme criminel, mais accompagné d'une circonstance déterminée, tandis que ce fait est accompagné d'une circonstance accidentelle, tout-à-fait incapable d'en altérer la criminalité ;

5° L'impression reçue indique un fait en apparence comme plus criminel, tandis que ce fait est
moins criminel en soi-même :

Puisque, dans la première combinaison, l'impression trompeuse embrasse la totalité du fait :

Puisque, dans la deuxième combinaison, l'absence totale de criminalité provient du manque de

l'élément matériel (§ 59), qui constitue l'imputabilité physique (§ 64) :

Puisque, dans la troisième combinaison, l'impression trompeuse ne porte que sur une différence en plus :

Puisque, dans la quatrième combinaison, l'impression trompeuse se réfère à une circonstance absolument hors de compte, parce qu'elle est accidentelle et tout-à-fait incapable d'altérer le caractère criminel d'un fait :

Puisque, dans la cinquième combinaison, l'absence d'imputabilité pour ce qui concerne l'excédant entre l'impression reçue par rapport à un fait, et ce fait, tel qu'il est en lui-même, provient de la même raison que celle indiquée à l'égard de la deuxième combinaison ; il s'ensuit :

83ᵉ Maxime.

« Il n'y a point de criminalité lorsque l'impression
» reçue indique un fait en apparence comme non
» criminel, tandis que ce fait est criminel en soi-
» même *(a)*. »

§ 90.

84ᵉ Maxime.

« Il n'y a point de criminalité lorsque l'impression

(a) Toujours sans préjudice de ce qui sera dit dans le chapitre ɪᴠ du présent titre à l'égard de la faute.

» reçue indique un fait en apparence comme crimi-
» nel, tandis que ce fait n'est pas criminel en soi-
» même. »

§ 91.

85ᵉ Maxime.

« Lorsque l'impression reçue indique un fait en
» apparence comme moins criminel, tandis que ce
» fait est plus criminel en soi-même, la mesure de
» la criminalité s'établit sur les bases de l'impression
» reçue, et non sur celles de ce fait tel qu'il est en
» soi-même. »

§ 92.

86ᵉ Maxime.

« Lorsque l'impression reçue indique un fait en
» apparence comme criminel, mais comme accom-
» pagné d'une circonstance déterminée, tandis que ce
» fait est accompagné d'une autre circonstance acci-
» dentelle, et tout-à-fait incapable d'en altérer la cri-
» minalité, la mesure de la criminalité peut s'établir
» indifféremment ou sur les bases de l'impression
» reçue ou sur celles de ce fait tel qu'il est en soi-
» même. »

§ 93.

87ᵉ Maxime.

« Lorsque l'impression reçue indique un fait en

» apparence comme plus criminel, tandis que ce fait
» est moins criminel en soi-même, la mesure de la
» criminalité s'établit sur les bases de ce fait tel qu'il
» est en soi-même, et non sur celles de l'impression
» reçue. »

LEÇON QUINZIÈME.

SECTION IV.

Examen de la seconde condition :
Que l'impression transmise à l'âme tombe sous
l'examen de la puissance intellectuelle.

§ 94. — Puisque l'autre condition essentielle pour
acquérir la connaissance d'un fait, c'est que l'impression transmise à l'âme tombe sous l'examen de
la puissance intellectuelle (§ 86) : puisque, bien que
l'homme soit doué de la précieuse prérogative de
l'intelligence (§ 84), cependant diverses causes empêchent d'une manière absolue la présence de cette
intelligence, ou, au moins, s'opposent au concours
d'une intelligence pleine et parfaite.

Il y a un *certain âge* où l'intelligence ne paraît
point ; et il y a aussi un autre *certain âge* où l'intelligence paraît, mais non en pleine vigueur ;

Il y a *certaine condition naturelle et commune à tous les hommes*, qui suspend l'exercice des fonctions de l'intelligence ; il y a les *aliénations mentales*, qui dérivent des vices d'organisation, ou du défaut de développement des parties du cerveau, ou du développement anormal des mêmes parties, ou d'une autre cause quelconque physique ou morale, d'où résulte un défaut absolu des facultes intellectuelles, ou un affaiblissement plus ou moins étendu de ces facultés ;

Il y a une série d'autres causes, accidentelles ou non accidentelles, plus ou moins passagères et transitoires, capables d'empêcher l'exercice des fonctions de la puissance intellectuelle, ou d'amoindrir la vigueur de cette puissance ; et l'on connaît combien le choc des passions affaiblit l'énergie de la raison ;

Il y a la concentration de l'âme sur quelque objet, qui empêche l'examen de tout autre objet, ou qui en empêche, au moins, un examen sérieux, etc., etc.

Puisque l'imputabilité morale d'un fait dépend de la connaissance qu'en a eu l'agent (§ 63 et 81) ; il s'ensuit :

88ᵉ Maxime.

« Il n'existe aucune imputabilité morale d'un fait
» lorsqu'il intervient quelque cause qui empêche
» d'une manière absolue la présence de la puissance
» intellectuelle. »

§ 95.

89ᵉ Maxime.

« Lorsqu'il intervient une cause qui s'oppose à la
» présence d'une puissance intellectuelle pleine et
» parfaite, l'imputabilité morale d'un fait est en rai-
» son inverse de la force de cette cause. »

LEÇON SEIZIÈME.

CHAPITRE II.

Volonté dans l'agent.

§ 96. — Puisque l'esprit humain, outre qu'il est
doué de la précieuse prérogative de l'intelligence, au
moyen de laquelle il connaît la *qualité* et les *rapports*
d'un certain fait (§ 84), est aussi doué de la faculté
de se déterminer à donner l'existence à ce fait, plutôt
qu'à ne pas la lui donner, ou réciproquement : puisqu'on peut donner le nom de *volonté* à cette faculté ;
il s'ensuit :

90ᵉ Maxime.

« La *volonté* est cette faculté, dont est doué l'esprit

» humain, de se déterminer à donner l'existence à
» un certain fait plutôt, qu'à ne pas la lui donner,
» ou réciproquement. »

§ 97.

91ᵉ Maxime.

« On appelle *fait volontaire* celui qui dépend de la
» détermination de l'esprit, qui préfère donner
» l'existence à ce fait plutôt que ne pas la lui don-
» ner. »

§ 98.— Puisque le fait volontaire dépend de la
détermination de l'esprit (§ 97) : puisqu'il peut intervenir certaine cause qui exclut absolument la dépendance d'un fait de la détermination de l'esprit :
puisqu'il peut aussi intervenir certaine cause qui
s'oppose à l'existence d'une détermination pleine et
parfaite : puisque l'imputabilité morale d'un fait dépend de la volonté dans l'agent (§ 63 et 81); il s'ensuit :

92ᵉ Maxime.

« Il n'existe aucune imputabilité morale d'un fait,
» lorsqu'il intervient une cause qui exclut d'une ma-
» nière absolue la dépendance de ce fait, de la dé-
» termination de l'esprit. »

§ 99.

93ᵉ Maxime.

« Lorsqu'il intervient une cause qui s'oppose à
» l'existence d'une détermination pleine et parfaite,
» l'imputabilité morale d'un fait est en raison inverse
» de la force de cette cause. »

§ 100. — Puisque le fait volontaire dépend de la
détermination de l'esprit, qui préfère donner l'existence à ce fait plutôt que ne pas la lui donner (§ 97) :
puisque cela implique non seulement la possibilité
de l'existence du fait auquel l'esprit humain donne
la préférence, mais encore la possibilité de l'existence du fait opposé ; il s'ensuit :

94ᵉ Maxime.

« La qualité de volontaire manque absolument
» dans un fait, lorsqu'il n'y a aucune possibilité de
» l'existence du fait opposé. »

§ 101. — Et puisque l'imputabilité morale d'un
fait dépend de la qualité de volontaire existant dans
ce fait (§ 63 et 81) ; il s'ensuit :

95ᵉ Maxime.

« Il n'existe aucune imputabilité morale d'un fait,
» lorsqu'il n'existe aucune possibilité de l'existence
» du fait opposé. »

LEÇON DIX-SEPTIÈME.

CHAPITRE III.

Liberté dans l'agent.

§ 102. — Puisque la volonté est la faculté dont est doué l'esprit humain, de se déterminer à donner l'existence à un certain fait plutôt qu'à ne pas la lui donner, ou réciproquement (§ 96) : puisqu'on appelle fait volontaire celui qui dépend de la détermination de l'esprit, qui préfère donner l'existence à ce fait plutôt que ne pas la lui donner (§ 97) : puisqu'il y a une distinction à faire entre la détermination de l'esprit et le *motif* de la détermination du même esprit : puisque, abstraction faite de tout autre examen, l'esprit peut se trouver en deux états différents par rapport au motif de sa détermination ; c'est-à-dire, il peut se déterminer à donner l'existence à un certain fait ou par une force toute inhérente à l'activité de l'esprit, de sorte que c'est en cet esprit lui-même que se trouve la véritable cause efficiente de la détermination ; ou pour éviter la conséquence d'un mal injuste et inévitable qu'il craint, et qui serait attachée à la détermination de donner l'existence au fait opposé : puisque le mot *liberté* peut bien s'employer pour exprimer le premier état de la volonté, et le mot *non liberté,* ou *coaction,* pour exprimer le second état ; il s'ensuit :

96ᵉ Maxime.

« La *liberté* est l'état de la volonté, qui se détermine
» à donner l'existence à un certain fait par une force
» toute inhérente à l'activité de l'esprit, de sorte que
» c'est en cet esprit lui-même que se trouve la véri-
» table cause efficiente de la détermination. »

§ 103.

97ᵉ Maxime.

« La *non liberté*, ou *coaction*, est l'état de la volonté
» qui se détermine à donner l'existence à un certain
» fait pour éviter la conséquence d'un mal injuste
» et inévitable que craint l'esprit humain, et qui se-
» rait attachée à la détermination de donner l'existence
» au fait opposé. »

§ 104.

98ᵉ Maxime.

« Est *qualifié* de *libre* le fait dépendant de la vo-
» lonté, qui se détermine à donner l'existence à
» ce fait par une force toute inhérente à l'activité
» de l'esprit, de sorte que c'est en cet esprit lui-
» même que se trouve la véritable cause efficiente de
» la détermination. »

§ 105.

99ᵉ Maxime.

« Est qualifié de *non libre*, ou *contraint*, le fait dé-
» pendant de la volonté, qui se détermine à donner
» l'existence à ce fait pour éviter la conséquence d'un
» mal injuste et inévitable que craint l'esprit humain,
» et qui serait attaché à la détermination de donner
» l'existence au fait opposé. »

§ 106.

100ᵉ Maxime.

« La différence entre les *deux états* de la volonté :
» *liberté* et *non liberté*, ou *coaction*; et la différence
» entre les deux *qualifications* du fait volontaire : *libre*
» et *non libre*, dépend de la *non présence* ou de *la pré-*
» *sence* de la crainte de succomber à la conséquence
» d'un mal injuste et inévitable que craint l'esprit
» humain, et qui serait attachée à la détermination
» de donner l'existence au fait opposé. »

§ 107.

101ᵉ Maxime.

« Il y a autant de différence entre les deux états
» de la volonté : *liberté* et *non liberté*, ou *coaction*; et
» entre les deux *qualifications* du fait volontaire : *li-*

» *bre* et *non libre, ou contraint,* qu'il y en a entre le
» *négatif* et le *positif.* »

§ 108.

102ᵉ Maxime.

« Les deux états de la volonté : *liberté* et *non liberté,*
» ou *coaction;* et les deux *qualifications* du fait volon-
» taire : *libre* et *non libre,* ou *contraint,* sont en raison
» inverse entre eux. »

§ 109. — Puisque la *non liberté,* ou *coaction,* suppose la présence de la crainte de succomber à la conséquence d'un mal injuste et inévitable que l'esprit
humain craint, et qui serait attachée à la détermination de donner l'existence au fait opposé (§ 97) :
puisque la loi humaine prétendrait convertir les
hommes en martyrs, si elle n'excluait pas l'imputabilité morale d'un fait en raison directe de la gravité
de la susdite crainte et du mal susdit : puisque la loi
humaine ne peut pas aller jusqu'à la prétention de
convertir les hommes en martyrs ; il s'ensuit :

103ᵉ Maxime.

« L'imputabilité morale d'un fait est en raison
» inverse de la *non liberté,* ou *coaction.* »

§ 110. — Et puisque la *non liberté,* ou *coaction,* est
en raison inverse de la *liberté* (§ 108) ; il s'ensuit :

104ᵉ Maxime.

« L'imputabilité morale d'un fait est en raison di-
» recte de la liberté. »

§ 111. — Et puisque la liberté est un état de la
volonté (§ 102) : et puisque l'*état* d'un être quelconque ne peut pas se supposer, sans supposer l'être
lui-même ; il s'ensuit :

105ᵉ Maxime.

« La proposition : *l'imputabilité morale d'un fait est*
» *en raison directe de la liberté* (§ 110), se traduit en cette
» autre proposition : *l'imputabilité morale d'un fait est*
» *en raison directe de la volonté libre* (a). »

(a) Je sais fort-bien néanmoins, que les théories posées en
ce chapitre se trouvent, sur quelques points, en divergence
avec diverses théories professées par d'autres écrivains. Voyez
le *Commentaire.*

LEÇON DIX-HUITIÈME.

CHAPITRE IV.

Distinction du fait libre en fait libre avec dol, et fait libre avec faute (a).

§ 112. — Puisque la volonté libre peut se diriger ou sur le fait même directement nuisible à la sûreté ou à la tranquillité sociale, ou sur quelque autre fait non directement nuisible à la sûreté ou à la tranquillité sociale, mais cependant de telle nature que l'esprit connaisse en ce fait le danger de l'existence d'un autre fait directement nuisible à la sûreté ou à la tranquillité sociale : puisque, sous le rapport de l'imputabilité politique (§ 65), on peut dire qu'il y a *dol* dans le fait directement nuisible à la sûreté ou à la tranquillité sociale, lorsque la volonté libre se dirige sur ce fait lui-même, et qu'il y a *faute* dans le fait directement nuisible à la sûreté ou à la tranquillité sociale, lorsque la volonté libre ne se dirige pas sur ce fait lui-même, mais sur un autre fait non directement nuisible à la sûreté ou à la tranquillité sociale, mais cependant de telle nature, que l'esprit connaisse en ce fait le danger de l'existence du fait directement nuisible à la sûreté ou à la tranquillité sociale, qui vient de se réaliser ; il s'ensuit :

(a) Dans l'original italien on dit : *Distinzione del fatto libero in fatto libero* DOLOSO, *e fatto libero* COLPOSO.

106ᵉ Maxime.

« **Sous** le rapport de l'imputabilité politique, est
» *qualifié de fait libre avec dol*, le fait directement nui-
» sible à la sûreté ou à la tranquillité sociale, lors-
» que la volonté libre se dirige sur ce fait lui-même. »

§ 113.

107. Maxime.

« **Sous** le rapport de l'imputabilité politique, est
« *qualifié* de fait *libre avec faute*, le fait directement
» nuisible à la sûreté ou à la tranquillité sociale,
» lorsque la volonté libre, bien qu'elle ne se dirige
» pas sur ce fait lui-même, néanmoins se dirige sur
» un autre fait non directement nuisible à la sûreté
» ou à la tranquillité sociale, mais de telle nature,
» que l'esprit connaisse en ce fait le danger de l'exis-
» tence du fait directement nuisible à la sûreté ou à
» la tranquillité sociale, qui vient de se réaliser. »

§ 114.

108ᵉ Maxime.

« **La** différence entre les deux *qualifications* d'un
» fait libre, savoir : *fait libre avec dol*, et *fait libre avec*
» *faute*, consiste en ce que dans le *fait libre avec dol*
» la volonté libre se dirige sur ce fait lui-même, et
» dans le *fait libre avec faute* la volonté libre ne se
» réfère qu'au danger de l'existence du fait. »

§ 115. — Puisque dans le fait libre avec dol la volonté libre se dirige sur le fait lui-même, et dans le fait libre avec faute la volonté libre ne se réfère qu'au danger de l'existence du fait (§ 114) : puisqu'il y a une très-grande différence entre la volonté libre, qui se dirige sur le fait lui-même, et la volonté libre, qui se réfère au danger de l'existence du fait : puisque l'imputabilité morale d'un fait est en raison directe de la volonté libre (§ 111); il s'ensuit :

109ᵉ Maxime.

« L'imputabilité morale du fait libre avec dol est » de beaucoup au-dessus de l'imputabilité morale » du fait libre avec faute. »

§ 116. — Puisque dans le fait libre avec faute, la volonté libre se réfère au danger de l'existence du fait (§ 114); il s'ensuit :

110ᵉ Maxime.

« Dans un fait, la qualification de fait commis » avec *faute* dépend de la connaissance du danger de » l'existence du fait. »

§ 117.

111ᵉ maxime.

« La gravité de la faute est en raison directe du » degré de proximité reconnu dans le danger de » l'existence du fait. »

§ 118. — Et puisque les degrés de proximité re-
connus dans le danger de l'existence du fait sont en
raison directe des degrés de connaissance de l'agent
à l'égard du fait dont il s'agit, et en raison inverse
des précautions adoptées pour prévenir l'événement ; il s'ensuit :

112° maxime.

« La gravité de la faute est en raison directe des
» degrés de connaissance de l'agent à l'égard du fait
» dont il s'agit, et en raison inverse des précautions
» adoptées pour prévenir l'événement. »

§ 119.

113° maxime.

« Dans un fait, la *qualité* et la *quantité* de la faute
» sont des choses *relatives* et non *absolues*. »

CHAPITRE V.

Fait libre mêlé de dol et de faute.

§ 120. — Puisque la volonté libre peut quelque-
'fois se diriger sur un fait non seulement directement nuisible à la sûreté ou à la tranquillité sociale,
mais aussi de telle nature que l'esprit connaisse en
ce fait le danger de l'existence d'un autre fait plus
grave : puisque, sous le rapport de l'imputabilité po-

litique (§ 65), on peut attribuer le nom de *fait libre mêlé de dol et de faute* à ce fait plus grave, qui vient de se réaliser; il s'ensuit :

114ᵉ maxime.

« Sous le rapport de l'imputabilité politique, est
» *qualifié de fait libre mêlé de dol et de faute* le fait di-
» rectement nuisible à la sûreté ou à la tranquillité
» sociale, lorsque la volonté libre, bien qu'elle ne
» se dirige pas sur ce fait lui-même, cependant se di-
» rige sur un autre fait *moins grave*, et de telle na-
» ture que l'esprit connaisse dans ce fait le danger
» de l'existence du fait *plus grave* qui vient de se réa-
» liser. »

§ 124. — Et par suite :

115ᵉ maxime.

« Sous le rapport de l'imputabilité politique, l'im-
» putabilité morale d'un fait libre mêlé de dol et de
» faute est en raison composée de l'imputabilité mo-
» rale du fait libre avec dol et de l'imputabilité mo-
» rale du fait libre avec faute. »

LEÇON DIX-NEUVIÈME.

TITRE V.

Examen du détriment social inhérent au fait.

§ 122. —Puisque le titre en question peut avoir pour objet :

1° L'indication des trois recherches qui sont à la charge du législateur, par rapport au détriment social inhérent au fait ;

2° La nécessité d'examiner la troisième recherche relative aux faits qui ne parviennent pas jusqu'au point de consommation ;

3° L'indication des quatre aspects sous lesquels ces faits peuvent se présenter ;

4° L'examen de chacun de ces aspects :

Puisqu'il faut en traiter séparément : puisque les titres sont divisés en chapitres (§ 11) ; il s'ensuit :

116ᵉ maxime.

« Le titre V du livre II, relatif à l'examen du dé-
» triment social inhérent au fait, se divise en quatre
» chapitres :

» CHAPITRE I. Indication des trois recherches qui
» sont à la charge du législateur, par rapport au dé-
» triment social inhérent au fait ;

» CHAPITRE II. Nécessité d'examiner la troisième

» recherche relative aux faits qui ne parviennent pas
» jusqu'au point de consommation ;

    » CHAPITRE III. Indication des quatre aspects sous
» lesquels ces faits peuvent se présenter ;

    » CHAPITRE IV. Examen de chacun de ces as-
» pects. »

CHAPITRE I.

*Indication des trois recherches qui sont à la charge du
législateur, par rapport au détriment social inhérent
au fait.*

§ 123. — Puisque, pour qu'un fait puisse être
érigé en *délit*, il est nécessaire que ce fait renferme
un détriment social (§ 59 et suiv.); il s'ensuit :

117 maxime.

    « La première recherche qui est à la charge du lé-
» gislateur au moment de la confection du Code pé-
» nal, c'est de se présenter devant son esprit la série
» des faits des hommes, et 1° de séparer les faits mau-
» vais des faits non mauvais ; 2° de séparer les faits
» mauvais qui doivent être abandonnés à la sanction
» morale et religieuse, des faits mauvais qui doivent
» être frappés de sanction pénale, et par suite être
» érigés en *délits* (§ 24 et suiv. et 59 et suiv.) »

§ 124. — Puisque, par suite de la première recherche, le législateur découvre la nature malfai-

sante des faits, c'est-à-dire le caractère de détriment social inhérent à ces faits (§ 125) : puisqu'il ne suffit pas qu'un fait renferme un détriment social ; mais qu'il est encore indispensable d'établir la *qualité* et la *quantité* du détriment social, afin qu'on puisse prévenir ce fait au moyen de la menace d'une peine correspondante ; il s'ensuit :

118ᵉ maxime.

« La deuxième recherche qui est à la charge du lé-
» gislateur, au moment de la confection du Code pé-
» nal, c'est d'établir la *qualité* et la *quantité* du dé-
» triment social inhérent au fait, afin qu'on puisse
» prévenir ce fait au moyen d'une peine correspon-
» dante. »

§ 125. — Puisque le législateur, en évaluant le détriment social inhérent à un certain fait, considère, en règle générale, ce fait sous l'aspect de *fait consommé :* puisque cependant il n'arrive pas toujours que les agents parviennent à parcourir tous les stades nécessaires pour qu'un fait se présente sous l'aspect de *fait consommé :* puisqu'il ne suffit pas que le législateur ait évalué le détriment social inhérent à un certain fait, afin qu'on puisse prévenir ce fait au moyen d'une peine correspondante (§ 124), en considérant ce fait comme *fait consommé,* lorsque ce même fait peut se présenter sous un autre aspect que celui de *fait consommé ;* il s'ensuit :

119° Maxime.

« La troisième recherche qui est à la charge du
» législateur au moment de la confection du Code
» pénal, c'est :

» 1° De déterminer quels sont, parmi les faits qui
» ne parviennent pas jusqu'au point de consomma-
» tion, ceux qui renferment un détriment social, et
» ceux qui n'en renferment pas ;

» 2° De trouver la différence entre le détriment
» social inhérent au fait consommé, et le détriment
» social inhérent aux faits qui ne parviennent pas
» jusqu'au point de consommation, lorsqu'il a été
» déterminé que ces faits renferment un détriment
» social. »

LEÇON VINGTIÈME.

CHAPITRE II.

*Nécessité d'examiner la troisième recherche relative aux
faits qui ne parviennent pas jusqu'au point de consommation.*

§ 126. — Puisque le développement des trois recherches indiquées dans le chapitre qui précède, em-

brasserait la matière de beaucoup de volumes : puisque la nature de ce petit ouvrage ne comporte pas un développement pareil : puisque cependant, si l'on n'examinait en aucune manière la troisième recherche, il resterait une lacune, même dans un ouvrage élémentaire de métaphysique de la science des lois pénales ; il s'ensuit :

120ᵉ Maxime.

« L'examen de la troisième recherche, relative aux
» faits qui ne parviennent pas jusqu'au point de con-
» sommation, est absolument nécessaire, même dans
» un ouvrage élémentaire de métaphysique de la
» science des lois pénales. »

CHAPITRE III.

*Indication des quatre aspects sous lesquels peut se pré-
senter un fait qui ne parvient pas jusqu'au point de
consommation.*

§ 127. — Puisqu'un fait *non consommé* peut se présenter sous un double rapport, c'est-à-dire comme
un fait *mental* ou *intérieur*, ou comme un fait *extra-
mental* ou *extérieur* : puisqu'un fait, considéré sous ce
double rapport, peut se présenter sous quatre aspects divers : 1° fait *mental* ou *intérieur* ; 2° menace
d'exécuter un certain fait ; 3° fait entrepris au moyen
d'actes extérieurs, mais qui ne sont pas tels qu'ils

aient l'aptitude physique propre à atteindre le point de consommation ; 4° fait entrepris au moyen d'actes extérieurs, et de nature telle qu'ils ont l'aptitude physique propre à atteindre le point de consommation ; il s'ensuit :

121ᵉ Maxime.

» Un fait non consommé peut se présenter sous » quatre aspects divers :

» 1° Fait mental ou intérieur ;

» 2° Menace d'exécuter un certain fait ;

» 3° Fait entrepris au moyen d'actes extérieurs, » mais non tels qu'ils aient l'aptitude physique pro- » pre à atteindre le point de consommation ;

» 4° Fait entrepris au moyen d'actes extérieurs, » mais de nature telle qu'ils ont l'aptitude physique » propre à atteindre le point de consommation. »

LEÇON VINGT-UNIÈME.

CHAPITRE IV.

Examen des quatre aspects sous lesquels peut se présenter un fait qui ne parvient pas jusqu'au point de consommation.

§ 128. — Puisqu'un fait non consommé peut se

présenter sous quatre aspects (§ 127) : puisqu'il est nécessaire d'examiner chacun de ces aspects (§ 126) : puisqu'il faut en traiter séparément : puisque les chapitres sont divisés en sections (§ 11) ; il s'ensuit :

122· Maxime.

« Le chapitre IV du titre V, livre II, se divise en
» quatre sections :
   » SECTION I. Fait mental ou intérieur ;
   » SECTION II. Menace d'exécuter un certain fait ;
   » SECTION III. Fait entrepris au moyen d'actes
» extérieurs, mais non tels qu'ils aient l'aptitude
» physique propre à atteindre le point de consom-
» mation ;
   » SECTION IV. Fait entrepris au moyen d'actes ex-
» térieurs, et de nature telle qu'ils ont l'aptitude
» physique propre à atteindre le point de consom-
» mation. »

SECTION I.

Fait mental ou intérieur.

§ 129. — Puisqu'un fait mental ou intérieur peut se considérer ou comme détermination de l'esprit d'exécuter un certain fait, dont l'exécution est possible à l'auteur de la détermination, ou comme une envie de voir réaliser un certain fait, dont l'exécution n'est pas possible à l'auteur de cette envie : puisque, dans le premier cas, il y a un *vouloir*, et dans le second cas il y a un *pur désir* ; il s'ensuit :

123ᵉ Maxime.

« Le fait mental ou intérieur se distingue en *vou-*
» *loir* et en *pur désir*. »

§ 130. — Puisque l'acte de *vouloir*, tout relatif qu'il soit à un fait d'exécution possible (§ 129), n'a pas de *matérialité* apte à constituer le *détriment social* (§ 59 et suiv.) : puisque le *pur désir* non seulement n'a pas de *matérialité*, mais encore est relatif à un fait dont l'exécution est impossible (§ 129) : puisqu'un fait qui n'a point de détriment social ne peut pas être imputable physiquement (§ 59 et 64) ; il s'ensuit :

124ᵉ Maxime.

« Nul fait mental ou intérieur ne peut être physi-
» quement imputable. »

SECTION II.

Menace d'exécuter un certain fait.

§ 131. — Puisque la menace d'exécuter un fait nuisible à la sûreté ou à la tranquillité sociale, tantôt se réduit à une pure jactance indépendante de toute espèce quelconque de conception mentale ou de détermination intérieure ; tantôt est une manifestation d'un *vouloir* ou d'un *pur désir* (§ 129) : puisque, lorsque la menace est indépendante de toute espèce quelconque de conception mentale ou de détermination intérieure, il serait bien étrange de mettre en question l'imputabilité : puisque, même lorsque la menace est la manifestation d'un *vouloir* ou d'un *pur désir*, il n'en faut pas conclure qu'elle est un fait *matériel* constituant un *détriment social*, car elle n'a rien de matériel, à l'exception du ton de la voix, ou du signe avec lequel elle est exprimée, et réellement elle a la même et n'a d'autre valeur, en substance, que celle du *vouloir*, ou du *pur désir* (§ 129) : puisque nul *vouloir* et nul *pur désir* ne peut être physiquement imputable (§ 130) ; il s'ensuit :

125ᵉ Maxime.

« Nulle menace d'exécuter un certain fait nuisible
» à la sûreté ou à la tranquillité sociale ne peut être
» physiquement imputable *(a)*. »

(a) Quelquefois une menace est érigée en *délit*, et notamment lorsqu'elle est accompagnée d'un ordre d'accomplir quelque condition, etc. — Il est important qu'on sache que dans ce cas-là la menace, bien loin d'être frappée comme *quotepart* du fait menacé, est considérée comme un délit SUI GENERIS, à raison de l'alarme qu'elle cause.

LEÇON VINGT-DEUXIÈME.

SECTION III.

Fait entrepris au moyen d'actes extérieurs, mais non tels qu'ils aient l'aptitude physique propre à atteindre le point de consommation.

§ 152. — Puisque, lorsqu'un fait a été entrepris au moyen d'actes extérieurs, mais physiquement incapables d'atteindre le point de consommation, il peut se présenter deux cas divers : 1° que le fait entrepris reste inachevé par le repentir de l'agent ; 2° que le fait entrepris reste inachevé par un obstacle quelconque indépendant du repentir de l'agent : puisque, dans le premier cas, non seulement il serait étrange d'admettre que le fait non réalisé pût être considéré comme matériel, constituant un *détriment social*, tandis que *fait matériel* et *cause physiquement incapable de produire ce fait*, sont des choses contradictoires entre elles ; mais puisqu'il serait étrange, et en même temps impolitique de frapper de sanction pénale les actes d'entreprise envisagés par rapport au fait inachevé : puisque, dans le second cas, bien que le fait inachevé ne puisse être considéré comme un fait matériel, constituant un *détriment social*, parce que, comme on l'a déjà dit ci-dessus, *fait matériel* et *cause physiquement incapable de produire ce fait* sont des choses contradictoires entre elles, néanmoins les actes d'entreprise envisagés par rapport au fait inachevé peuvent répandre une alarme plus ou moins considérable : puisque, tant dans le premier que dans le second cas, il peut arriver que les actes extérieurs, en même temps qu'ils sont des actes d'entreprise envisagés par rapport au fait inachevé, soient des actes entièrement consommés, et nuisibles à la sûreté ou à la tranquillité sociale, si on les envisage en eux-mêmes; il s'ensuit :

126ᵉ Maxime.

« Un fait entrepris au moyen d'actes extérieurs,
» mais n'ayant pas l'aptitude physique propre à at-
» teindre le point de consommation, ne peut pas être
» *physiquement imputable*, soit que l'inachèvement de
» ce fait arrive par repentir de l'agent, soit qu'il
» arrive par un obstacle quelconque indépendant du
» repentir de l'agent. »

§ 133.

127° maxime.

« Un fait entrepris au moyen d'actes extérieurs,
» mais n'ayant pas l'aptitude physique propre à at-
» teindre le point de consommation, s'il reste ina-
» chevé par repentir de l'agent, ne donne lieu à au-
» cune *imputabilité politique* des actes d'entreprise en-
» visagés par rapport au fait inachevé. »

§ 134.

128ᵉ Maxime.

« Un fait entrepris au moyen d'actes extérieurs,
» mais n'ayant pas l'aptitude physique propre à at-
» teindre le point de consommation, s'il reste ina-
» chevé par une cause indépendante du repentir de
» l'agent, peut donner lieu à *imputabilité physique*
» des actes d'entreprise envisagés par rapport au fait
» inachevé, mais non comme *quote part* de ce fait. »

§ 135.

129ᵉ Maxime.

« Lorsque les actes extérieurs, en même temps
» qu'ils sont des actes d'entreprise par rapport au
» fait inachevé, sont des actes entièrement consom-
» més et nuisibles à la sûreté ou à la tranquillité so-
» ciale, si on les envisage en eux-mêmes, il y a
» complète *imputabilité physique* de ces actes ainsi
» envisagés en eux-mêmes, soit que le fait dont ils
» étaient des actes d'entreprise ait manqué son effet
» par repentir de l'agent, soit qu'il ait manqué son
» effet par un obstacle quelconque indépendant du
» repentir de l'agent. »

LEÇON VINGT-TROISIÈME.

SECTION IV.

Fait entrepris au moyen d'actes extérieurs, et d'une nature telle qu'ils ont l'aptitude physique propre à atteindre le point de consommation.

§ 136. — Puisqu'il arrive quelquefois qu'un agent, avec la détermination de commettre un certain fait, entreprend ce fait au moyen d'actes extérieurs et capables physiquement de produire l'effet désigné, mais que cet effet n'a pas lieu par une circonstance accidentelle quelconque indépendante de l'intention de l'agent : puisqu'il serait ridicule de dire que dans ce cas il n'y a point de *fait matériel* nuisible à la sûreté ou à la tranquillité sociale, sur le motif que l'effet désigné n'a pas lieu : puisque, bien qu'il n'y ait pas de *matérialité d'événement*, il y a toutefois la *matérialité de la cause physiquement capable de produire cet événement* : puisque le manque de la *matérialité de l'événement* ne dépend pas de l'inefficacité de la cause mise en *activité*, mais de l'interposition d'une circonstance accidentelle indépendante de l'intention de l'agent : puisqu'il serait bien étrange de faire dépendre du *hasard* la sûreté et la tranquillité sociale : puisque, néanmoins, si l'on envisage un fait sous le rapport de la *matéria-*

lité, on trouve que la *seule matérialité de la cause isolée de la matérialité de l'effet* pèse moins, et que la
matérialité de la cause suivie de la matérialité de l'effet
pèse plus ; il s'ensuit :

180° Maxime.

« Un fait qui a été entrepris au moyen d'actes ex-
» térieurs physiquement capables de le mettre à exé-
» cution, mais qui n'a pas eu lieu par une circons-
» tance accidentelle quelconque indépendante de
» l'intention de l'agent, est *physiquement imputable ;*
» mais *l'imputabilité physique* de ce fait est inférieure
» en degrés à *l'imputabilité physique* du fait con-
» sommé. »

§ 157. — Puisque fort souvent il arrive que les
actes extérieurs physiquement capables de produire l'effet désigné, en même temps qu'ils sont physiquement imputables par rapport au fait non réalisé, sont encore des actes constitutifs en eux-mêmes
d'une complète matérialité de fait ; de telle sorte
que leur imputabilité physique est, à la fois, impar-
faite par rapport au fait non réalisé, et parfaite
quant à la propre criminalité des actes envisagés en
eux-mêmes : puisqu'il y aurait grave injustice à punir
un *seul* et *même fait* de deux peines diverses : puisqu'il est conforme à la raison et à la politique de
choisir, en cas pareil, la peine la plus grave, et de
l'appliquer toute seule ; il s'ensuit :

131° Maxime.

« Lorsque le même fait est , à la fois, un fait cri-
» minel par rapport au fait auquel a manqué la *seule*
» *matérialité de l'effet*, et un fait parfait et consommé
» considéré en soi-même, il faut choisir entre la peine
» applicable à ce fait envisagé par rapport à celui au-
» quel a manqué la *matérialité de l'effet*, et la peine
» appliquable au même fait envisagé comme parfait
» et consommé en lui-même , et appliquer la peine
» la plus grave toute seule. »

LEÇON VINGT-QUATRIÈME.

TITRE VI.

Examen des circonstances intervenant dans le fait.

§ 138. — Puisque, sous un premier rapport, on
peut distinguer les circonstances en circonstances :
1° de personne ; 2° d'événement ; 3° de lieu ; 4° de
moyens ; 5° de nombre d'actions punissables commises par le même infracteur : 6° de cause impulsive ; 7° de manière ; 8° de temps ; distinctions qui
sont toutes comprises dans ce vers :

Quis? Quid? Ubi? Per quos? Quoties? Cur? Quomodo? Quando?

Puisque, sous un second rapport, c'est-à-dire sous

celui de l'influence qu'elles exercent dans la mesure de la gravité d'un fait (§ 66 et suiv.), il est des écrivains qui, outre les circonstances *aggravantes* et *atténuantes* (§ 66 et suiv.), reconnaissent : 1° les circonstances *constituantes* ; 2° les circonstances *spécifiantes* ; 3° les circonstances *accidentelles* ; 4° les circonstances *dirimantes* :

Puisqu'on appelle *constituantes* les circonstances dont le concours est nécessaire dans un fait, pour que ce fait puisse être érigé en délit ; *spécifiantes* les circonstances qui, annexées à un certain fait, le font passer d'une classe moins criminelle à une classe plus criminelle ; *accidentelles* celles qui n'altèrent en rien la mesure de la gravité d'un fait ; *dirimantes*, celles qui, annexées à un certain fait, ôtent à ce fait le caráctère de criminel :

Puisque les *circonstances constituantes*, au lieu de s'appeler *circonstances*, méritent le nom de *condition essentielle* pour qu'un fait puisse être érigé en délit, c'est-à-dire, méritent le nom d'*élément essentiel* (§ 59 et suiv.) :

Puisque les *circonstances spécifiantes* ne sont, en dernière analyse, que des circonstances *aggravantes* :

Puisque les *circonstances accidentelles* n'entrent pour rien dans la mesure de la gravité d'un fait (§ 92), et dès-lors ne méritent pas d'être considérées quant à l'influence que les circonstances peuvent exercer sur cette mesure :

Puisque les *circonstances dirimantes* sont plutôt une

chose *négative* qu'une chose *positive*, c'est-à-dire qu'elles marquent le manque d'une *condition essentielle* pour qu'un fait puisse être érigé en délit (§ 59 et suiv.) :

Puisqu'il n'y a, en conséquence, que les *circonstances aggravantes* et les *circonstances atténuantes* qui méritent le vrai nom de *circonstances*, par rapport à l'influence exercée sur la mesure de la gravité d'un fait ; il s'ensuit :

132ᵉ Maxime.

« Sous un premier rapport, les circonstances se
» distinguent en circonstances :
   » I. *Quis?* — De personne ;
   » II. *Quid?* — D'événement ;
   » III. *Ubi?* — De lieu ;
   » IV. *Per quos?* — De moyens ;
   » V. *Quoties?* — De nombre d'actions punissables
» commises par le même infracteur *(a)* ;
   » VI. *Cur?* — De cause impulsive ;
   » VII. *Quomodo?* — De manière ;
   » VIII. *Quando?* — De temps. »

§ 139.

133ᵉ Maxime.

« Sous un second rapport, c'est-à-dire sous celui

(a) En expliquant cette circonstance, je parlerai de la *réité-ration*, et de la *récidive*. Voyez le *Commentaire*.

» de l'influence exercée sur la mesure de la gravité
» d'un fait, les circonstances se distinguent en *ag-*
» *gravantes* et *atténuantes (a).* »

LEÇON VINGT-CINQUIÈME.

TITRE VII.

Corréité et complicité.

§ 140. — Puisque les objets à traiter dans ce titre, ce sont la corréité et la complicité (§ 57) : puisqu'il faut en traiter séparément : puisque les titres sont divisés en chapitres (§ 11); il s'ensuit :

134e Maxime.

« Le titre VII, livre II, relatif à la corréité et à
» la complicité, se divise en deux chapitres :
» CHAPITRE I. Corréité ;
» CHAPITRE II. Complicité. »

CHAPITRE I.

Corréité.

§ 141. — Puisque, en fait de définition de la cor-

(*a*) Il y a aussi la distinction des circonstances en circonstances prévues par le législateur lui-même, et circonstances abandonnées à la prudence du juge (voyez § 198 et suiv.)

réité, celle qui a été donnée par Santo Roberti *(a)*, paraît devoir être adoptée ; il s'ensuit :

135ᵉ Maxime.

« *La corréité est un concours de plusieurs personnes*
» *pour un délit (b) que ces personnes commettent et que*
» *toutes et chacune d'elles avaient résolu de commet-*
» *tre.* »

§ 142. — Et par suite de cela :

136ᵉ Maxime.

« Les conditions essentielles pour la constitution
» de la corréité sont au nombre de deux :
» 1. Accord et réunion pour commettre un délit ;
» 2. Participation à l'exécution du délit qu'on avait
» *concerté* auparavant. »

§ 143. — Puisque, dans la corréité, le fait criminel appartient tout entier à toutes les personnes qui
y concourent et à chacune d'elles : puisqu'on peut
attribuer le nom de *coauteur (correo)* à chacune de ces
personnes ; il s'ensuit :

137ᵉ Maxime.

« Dans la corréité le fait est tout entier de tous
» les *coauteurs (correi)* et de chacun d'eux. »

(a). *Corso completo di diritto penale* (Cours complet de droit pénal, vol. 2, § 568).
(b) *Reato*

7

§ 144. — Et de là :

138ᵉ Maxime.

« Dans la corréité il faut considérer le fait comme
» s'il y avait autant de délits qu'il y a de *coauteurs*
» (*correi*), de sorte que chacun d'eux, pris isolément,
» puisse être qualifié l'auteur du délit tout entier. »

§ 145. — Et par suite de cela :

139ᵉ Maxime.

« La peine du délit qui a été commis doit être
» appliquée toute entière à chacun des coauteurs
» (*correi*). »

§ 146. — Et par suite de cela :

140ᵉ Maxime.

« Dans la corréité il n'y a point *solidarité*, sous le
» rapport de l'assujettissement à la peine, mais cha-
» cun des *coauteurs* (*correi*) est *personnellement* tenu à
» la totalité de cette peine. »

LEÇON VINGT-SIXIÈME.

CHAPITRE II.

Complicité.

§ 147. — Puisque la matière de la complicité peut
avoir pour objet :

1. La notion de la complicité et l'indication des rois conditions essentielles de cette complicité ;

2. L'examen séparé de chacune de ces conditions ;

3. La division de la complicité sous un premier rapport : complicité de premier degré et complicité de second degré ;

4. La division de la complicité sous un second rapport : complicité physique et complicité morale ;

5. L'examen particulier de l'espèce la plus connue de complicité morale, qu'on désigne sous le nom de *mandat :*

Puisqu'il faut en traiter séparément : puisque les chapitres sont divisés en sections (§ 11); il s'ensuit :

141ᵉ Maxime.

« Le chapitre II, titre VII, livre II, relatif à la » complicité, se divise en sept sections :

» Section i. Notion de la complicité et indication » des trois conditions essentielles de cette compli- » cité ;

» Section ii. Examen de la première condition » essentielle de la complicité : *concours au moyen* » *d'actes positifs ;*

» Section iii. Examen de la seconde condition es- » sentielle de la complicité : *concours au moyen d'actes* » *nécessaires* ou *utiles ;*

» Section iv. Examen de la troisième condition » essentielle de la complicité : *concours au moyen* » *d'actes précédents* ou *concomitants :*

» Section v. Division de la complicité sous un
» premier rapport : *complicité de premier degré et
» complicité de second degré ;*

» Section vi. Division de la complicité sous un
» second rapport : *complicité physique et complicité
» morale ;*

» Section vii. Examen particulier de l'espèce la
» plus connue de complicité morale, qu'on désigne
» sous le nom de *mandat.* »

SECTION I.

Notion de la complicité, et conditions essentielles de cette complicité.

§ 148: — Puisque, en fait de définition de la complicité, la définition donnée par Nani (*a*) paraît devoir être adoptée; il s'ensuit :

142ᵉ Maxime.

« *La complicité est un concours dans l'action crimi-*
» *nelle, soit au moyen d'actes ayant une influence efficace*
» *sur la volonté d'autrui pour déterminer cette volonté à*
» *des faits spécialement désignés; soit au moyen d'actes*
» *nécessaires ou utiles à l'entreprise ou à la consomma-*
» *tion du délit.* »

(*a*) *Principj di giurisprudenza criminale* (Principes de jurisprudence criminelle).

§. 149. — Et de là :

143ᵉ Maxime.

« Les conditions essentielles de la complicité sont :
» 1. Concours au moyen d'actes positifs ;
» 2. Concours au moyen d'actes nécessaires ou
» utiles ;
» 3. Concours au moyen d'actes précédents ou
» concomitants. »

LEÇON VINGT-SEPTIÈME.

SECTION II.

Examen de la première condition essentielle de la complicité : concours au moyen d'actes positifs.

§ 150. — Puisque la première condition essentielle de la complicité, c'est le concours au moyen d'actes positifs (§ 149) ; il s'ensuit :

144ᵉ Maxime.

« Il ne peut pas exister de complicité dans le con-
» cours négatif. »

§ 151.

145° Maxime.

« On ne peut pas qualifier de complice celui qui
» néglige à empêcher le délit d'autrui. »

§ 152.

146° maxime.

« On ne peut pas qualifier de complice celui qui
» ne découvre pas à l'autorité publique un délit dont
» il se trouve avoir connaissance par une manière
» quelconque. »

SECTION III.

*Examen de la seconde condition essentielle de la complicité :
concours au moyen d'actes nécessaires ou utiles.*

§ 153. — Puisque la seconde condition essentielle
de la complicité, c'est le concours au moyen d'actes
nécessaires ou utiles (§ 149) ; il s'ensuit :

147° Maxime.

« Le concours dans le délit d'autrui au moyen
» d'actes inefficaces et privés de toute force apte à
» animer le délit, à y donner vigueur, à le faciliter,
» ne constitue pas la complicité. »

SECTION IV.

Examen de la troisième condition essentielle de la complicité : concours au moyen d'actes précédents ou concomitants.

§ 154. — Puisque la troisième condition essentielle de la complicité, c'est le concours au moyen d'actes précédents ou concomitants (§ 149) ; il s'ensuit :

148° Maxime.

« Il n'y a pas de complicité dans le concours au » moyen d'actes postérieurs au délit. »

§ 155. — Et par suite de cela :

149° Maxime.

« Il n'y a pas de complicité dans la ratification du » délit. »

§ 156.

150° Maxime.

« Il n'y a pas de complicité dans le recel du cou- » pable. »

§ 157.

151° Maxime.

« Il n'y a pas de complicité dans le fait de celui

» qui cache le cadavre d'une personne qui a été
» tuée. »

§ 158.

152ᵉ maxime.

« Il n'y a pas de complicité dans le recel des ob-
» jets dérobés. »

———————

LEÇON VINGT-HUITIÈME.

SECTION V.

*Division de la complicité sous un premier rapport : com-
plicité de premier degré et complicité de second degré.*

§ 159. — Puisque la complicité consiste ou dans
le concours d'*actes nécessaires*, c'est-à-dire ceux sans
lesquels le *délit ne pourrait pas se réaliser ;* ou dans le
concours d'*actes utiles*, c'est-à-dire ceux qui, tout en
exerçant beaucoup d'influence dans le *délit* d'autrui,
ne sont pas néanmoins de telle nature que, sans leur
intervention, ce *délit ne pût se réaliser* (§ 148 et suiv.),
puisqu'on peut donner le nom de *complicité de premier degré* à la complicité qui consiste dans le concours au moyen d'*actes nécessaires*, et le nom de *com-*

plicité de second degré à celle qui consiste dans le concours au moyen *d'actes utiles*; il s'ensuit :

153ᵉ Maxime.

« La complicité, envisagée sous le rapport de l'in-
» fluence qu'elle exerce dans le délit d'autrui, se di-
» vise en complicité de premier degré, et complicité
» de second degré, selon qu'elle consiste en un con-
» cours au moyen *d'actes nécessaires*, ou en un con-
» cours au moyen *d'actes utiles*. »

§ 160. — Puisque l'imputabilité du complice dépend des degrés d'influence qu'a son concours au délit d'autrui : puisque, dans la complicité du premier
degré, l'influence est indispensablement nécessaire,
et dans la complicité du second degré, l'influence
est plus ou moins utile (§ 148 et suiv. et § 159) :
puisque, en examinant la nature de l'influence indispensablement nécessaire, on voit que l'imputabilité de celui qui intervient avec une telle influence
dans le délit d'autrui peut être égale à l'imputabilité qu'on attribuerait au complice *dans le cas où il
serait lui-même l'auteur du délit*: puisque, au contraire, dans l'influence utile, bien que l'imputabilité
varie suivant les degrés d'utilité, en aucun cas, cependant, elle ne peut s'élever jusqu'au degré de celle
qu'on attribuerait au complice *dans le cas où il serait
lui-même l'auteur du délit*; il s'ensuit :

154ᵉ Maxime.

« Le complice de premier degré est punissable de
» la peine qu'il mériterait dans le cas où il serait lui-
» même l'auteur du délit. »

§ 161.

155ᵉ Maxime.

« La peine du complice de *second degré* varie en rai-
» son directe des divers degrés d'utilité qu'a eu le con-
» cours de ce complice dans le délit; mais en aucun
» cas cette peine ne peut s'élever jusqu'au degré de
» celle que ce complice mériterait dans le cas où il
» serait lui-même l'auteur du délit (a). »

SECTION VI.

Division de la complicité sous un second rapport : com-
plicité physique et complicité morale.

§ 162. — Puisque l'idée de complicité ne peut
pas exister sans celle d'un concours d'actes (§ 148 et
suivants) : puisque les actes dans lesquels consiste la
complicité peuvent être *physiques* ou *moraux :* puis-

(a) Quant au principe consacré dans les maximes 138 à 140
(§ 144 à 146), à propos des coauteurs, il s'applique aussi aux
complices, sauf la distinction relative au complice du second
degré,

qu'on peut donner le nom de *complicité physique* à celle qui est constituée par des actes *physiques*, et le nom de *complicité morale* à celle qui est constituée par des actes *moraux*; il s'ensuit :

156ᵉ Maxime.

« La complicité, envisagée sous le rapport de la
» nature des actes dont elle est constituée, se divise
» en complicité physique et en complicité morale :
» selon qu'elle consiste en un concours au moyen
» d'*actes physiques*, ou en un concours au moyen
» d'*actes moraux*. »

LEÇON VINGT-NEUVIÈME.

SECTION VII.

*Examen particulier de l'espèce la plus connue de com-
plicité morale, qu'on désigne sous le nom de mandat (a).*

§ 163. — Puisque, en fait de *délit*, il ne peut pas y avoir de *mandat*, en ce sens que ceux qui se sont

---

(a) Quant aux autres espèces de complicité *morale*, et quant à toutes les espèces de complicité *physique*, voy, le *Commentaire.*

fait promettre n'ont point d'action pour attaquer la partie qui n'a pas exécuté ses obligations : puisque, en fait de *délit*, il y a cependant *mandat* en ce sens que, lorsqu'il intervient cette exécrable convention par laquelle une personne donne la commission de commettre un délit, et une autre personne accepte une telle commission, le délit qui en résulte s'appelle *délit commis par mandat*; et on appelle *mandant* celui qui donne une pareille commission, et *mandataire* celui qui accepte et qui la met en exécution ; il s'ensuit :

157ᵉ Maxime.

« Les conditions nécessaires pour la constitution
» du mandat peuvent se réduire à trois :
» 1° Proposition de la part du mandant ;
» 2° Acceptation de la part du mandataire ;
» 3° Exécution de la commission, conformément
» à l'intention du mandant manifestée au mandataire
» au moment de la proposition et de l'acceptation. »

§ 164. — Puisque la première condition du mandat est la proposition de la part du mandant (§ 163) : puisqu'il n'existe aucune proposition, ou qu'une proposition est considérée comme si elle n'avait jamais eu lieu, du moment qu'il intervient une révocation de la commission mise à la connaissance de la personne qui s'en était chargée ; il s'ensuit :

158ᵉ Maxime.

« Il n'y a aucun mandat, lorsque la personne
» chargée de l'exécution d'un délit, commet ce délit
» postérieurement à la connaissance de la révocation
» de la part du commitant. »

§ 165.

159ᵉ Maxime.

« Il n'y a aucun mandat dans une interpellation
» préparatoire d'une proposition à venir. »

§ 166.

160ᵉ Maxime.

« Il n'y a aucun mandat, si le commettant ayant
» proposé le délit sous une certaine condition, le
» commissionnaire l'a exécuté sans que la condition
» se fût réalisée. »

§ 167. — Puisque la seconde condition pour la
constitution du mandat est l'acceptation de la part
du mandataire (§ 165); il s'ensuit :

161ᵉ Maxime.

« La simple proposition qui n'est pas suivie d'ac-
» ceptation ne peut établir aucun rapport de mandat

» entre celui qui propose et celui qui refuse la com-
» mission. »

§ 168.

162ᵉ maxime.

« Il n'y a aucun mandat lorsque la personne char-
» gée par celui qui propose, après avoir rejeté la pro-
» position, commet le délit dont elle avait refusé de se
» charger. »

§ 169. —Puisque la troisième condition pour la
constitution du mandat est l'exécution de la commission conformément à l'intention du mandant manifestée au mandataire au moment de la proposition
et de l'acceptation (§ 163); il s'ensuit :

163ᵉ maxime.

« Il n'y a aucun mandat (et par la nature intime
» des corrélatifs, ne peuvent être tenus pour cause
» du mandat ni celui qui accepte, ni celui qui pro-
» pose), lorsque, nonobstant la proposition et l'ac-
» ceptation, le délit demeure inexécuté. »

§ 170.

164ᵉ Maxime.

« Par la même nature des corrélatifs, si après l'ac-
» ceptation, le mandataire commet un délit moins

» grave que le délit convenu, le mandant est com-
» plice dans le délit commis, et non dans le délit
» qu'on était convenu de commettre. »

§ 171.

165ᵉ maxime.

« Si le mandataire, en exécutant la commission,
» dépasse les limites que le mandant lui a signalées
» au moment de la proposition et de l'acceptation,
» l'excédant encouru par le mandataire ne peut pas
» se communiquer au mandant. »

LEÇON TRENTIÈME.

TITRE VIII.

Différentes obligations résultant du délit.

§ 172. — Puisque l'auteur d'un *délit*, en même temps qu'il viole, d'un côté, la loi pénale (§ 58), cause, d'un autre côté, préjudice aux particuliers offensés, et donne lieu à des frais de justice : puisque tout infracteur de la loi pénale contracte l'obli-gation de subir la peine dont cette loi menace le coupable (§ 18, 19 et 21), et que celui qui, par sa faute, cause un préjudice et occasionne des frais à qui que ce soit, contracte l'obligation de le dédommager; il s'ensuit :

166ᵉ maxime.

« L'auteur d'un délit contracte l'obligation :
» 1° De subir la peine portée par la loi contre le » délit qu'il a commis;
» De payer les dommages-intérêts pour répara- » tion du préjudice, et de rembourser les frais qu'il » aurait occasionnées. »

§ 173. — Puisque, dans le cas de corréité, chacun des *coauteurs* est tenu *personnellement* à subir toute entière la peine portée par la loi contre le délit qui a été commis (§ 146) : puisque, sauf la diminution de la peine que mérite le complice du *second degré*, le même principe s'applique encore dans le cas de complicité (§ 161, note *a*) : puisque cela revient à dire que l'obligation de subir la peine portée par la loi est *personnelle*, mais qu'elle se multiplie en raison du nombre des infracteurs : puisque les dommages-intérêts et les frais sont le résultat de l'acte coupable, lequel se considère tout entier comme le fait de tous les infracteurs et de chacun d'eux (§ 144 et 145) : puisque cela dénote que l'obligation de payer les dommages-intérêts et les frais doit être *solidaire*: puisque, néanmoins, il serait *irrationnel* d'admettre que cette obligation dût se multiplier en raison du nombre des infracteurs ; il s'ensuit :

167e Maxime.

« En cas de corréité ou de complicité, l'obliga-
» tion de subir la peine portée par la loi est *person-*
» *nelle*, mais elle se multiplie en raison du nombre
» des infracteurs. »

§ 174.

168e Maxime.

« En cas de corréité ou de complicité, l'obligation
» de payer les dommages-intérêts et les frais est *so-*
» *lidaire*, mais elle ne se multiplie pas en raison du
» nombre des infracteurs. »

§ 175. — Puisque l'auteur d'un délit contracte l'obligation : 1° de subir la peine portée par la loi contre le délit qu'il a commis ; 2° de payer les dommages-intérêts et les frais (§ 172) : puisqu'on peut donner l'épithète de *pénale* à l'action au moyen de laquelle on demande l'application de la peine, et l'épithète de *civile* à l'action au moyen de laquelle on demande à être indemnisé du dommage et des frais occasionnés : puisque l'application de la peine est d'intérêt public (§ 50), et que l'indemnité pour le dommage et les frais est d'intérêt privé ; il s'ensuit ;

169ᵉ Maxime.

« Tout délit donne lieu à l'action pénale et à l'ac-
» tion civile. »

§ 176.

170ᵉ Maxime.

« L'action pénale est essentiellement publique ;
» l'action civile est tout-à-fait privée. »

§ 177. — Puisque, au moyen de l'action pénale
on demande l'application de la peine, et qu'au
moyen de l'action civile on demande à être indemnisé du dommage et des frais occasionnés (§ 175) ;
puisque l'obligation de subir la peine est absolument *personnelle à l'infracteur* (voy. § 205), et que
l'obligation d'indemniser du dommage et des frais,
bien qu'elle soit le résultat du délit, est d'une nature
tout-à-fait *civile* et capable, par conséquent, de se
transmettre *au-delà de la personne de l'infracteur ;* il
s'ensuit :

171ᵉ Maxime.

« L'action pénale ne peut se diriger que contre le
» seul infracteur ;
» L'action civile peut, en outre, se diriger contre
» les héritiers et contre les personnes civilement res-
» ponsables. »

LEÇON TRENTE-UNIÈME.

TITRE IX.

Différentes manières dont s'éteignent les différentes obligations résultant du délit.

§ 178. — Puisque l'auteur de tout délit contracte l'obligation : 1° de subir la peine portée par la loi contre le délit qu'il a commis ; 2° d'indemniser du dommage et des frais (§ 172) : puisque les différentes manières dont s'éteint l'obligation de subir la peine portée par la loi pénale peuvent se réduire à quatre : 1° mort du prévenu ou du condamné ; 2° sentence absolutoire passée en chose jugée ; 3° expiation de la peine ; 4° prescription : puisque l'obligation d'indemniser du dommage et des frais, est d'une nature tout-à-fait *civile*, bien qu'elle soit une conséquence du délit (§ 172 et suiv.), et que par conséquent elle s'éteint des mêmes manières dont s'éteignent toutes les autres obligations *civiles*; il s'ensuit :

172° Maxime.

« Les manières dont s'éteint l'obligation de subir
» la peine sont au nombre de quatre :
» 1° Mort du prévenu ou du condamné ;
» 2° Sentence absolutoire passée en chose jugée ;
» 3° Expiation de la peine ;

» 4º Prescription *(a)*. »

§ 179.

173ᵉ Maxime.

» Les manières dont s'éteint l'obligation d'indem-
» demniser du dommage et des frais occasionnés par
» li délit, sont les mêmes manières dont s'éteignent
» toutes les autres obligations *(b)*. »

§ 183.— Puisque l'obligation de subir la peine s'éteint par suite : 1º de la mort du prévenu ou du condamné ; 2ᵈ de la sentence absolutoire passée en chose jugée ; 3º de l'expiation de la peine ; 4º de la prescription (§ 178) : puisque la première et la quatrième manière peuvent opérer ou dans les stades qui précèdent la condamnation, ou dans les stades qui succèdent à la condamnation même : puisque la seconde manière ne peut opérer que dans les stades qui précèdent la condamnation : puisque la troisième manière ne peut opérer que dans les stades qui succèdent à la condamnation ; il s'ensuit :

(a) Voy. dans le *Commentaire* le pourquoi je n'ai pas donné le nom de *manières* dont s'éteint l'obligation de subir la peine à la *grâce*, à la *rémission de la partie offensée*, ni à la *loi postérieure*, qui efface une action de la liste des délits, etc, — Voy. cependant le § 193.

(b) Sauf quelque rigueur spéciale par rapport aux moyens de *coaction, in odium delicti*. Voy. le *Commentaire*.

174ᵉ Maxime.

« L'obligation de subir la peine peut s'éteindre ou avant ou après la condamnation. »

§ 181. — Puisque le délit ne se présume jamais : puisque, au contraire, c'est l'innocence qui se présume : puisque c'est par suite de la seule condamnation qu'on peut avoir la *vérité légale* de la *culpabilité*, et que les conséquences légales attachées à l'état de *culpabilité* peuvent se produire : puisque l'obligation de subir la peine peut s'éteindre ou avant ou après la condamnation (§ 180); il s'ensuit :

175ᵉ Maxime.

« Lorsque l'obligation de subir la peine s'éteint
» avant la condamnation, il reste la *vérité légale* de
» l'*innocence* du prévenu, avec toutes les préroga-
» tives *civiles* et *politiques* annexées à l'état d'inno-
» cence. »

§ 182.

176ᵉ Maxime.

« Lorsque l'obligation de subir la peine s'é-
» teint après la condammation, il reste la *vérité lé-*
» *gale* de la *culpabilité* du prévenu, avec toutes les
» conséquences légales qui pourraient être attachées
» à l'état de culpabilité. »

LEÇON TRENTE-DEUXIÈME.

LIVRE III.

Peine en général, ou série de raisonnements destinés à nous représenter la connaissance la plus distincte possible de la peine en général.

§ 183. — Puisque la peine en général forme l'objet du livre III (§ 11) : puisque la matière relative à la peine en général peut regarder :

1° La notion et l'indication des cinq caractères essentiels de la peine ;

2° L'examen de chacun de ces caractères :

Puisqu'il faut en traiter séparément : puisque les livres sont divisés en chapitres (§ 11) ; il s'ensuit :

177ᵉ maxime.

« Le livre III, relatif à la peine en général, se » divise en six titres :

» TITRE I. Notion et indication des cinq caractères » essentiels de la peine ;

» TITRE II A VI. Examen de chacun de ces ca-» ractères. »

TITRE I.

Notion et indication des cinq caractères essentiels de la peine.

§ 184. — Puisque, pour être à même de déterminer la notion de la peine en général, il est nécessaire de recourir aux principes répandus dans le livre Ier : puisque, dans le susdit livre, on a établi :

1° Que la société est investie du droit de prévenir les actions qui renversent ou troublent directement la sûreté ou la tranquillité sociale (§ 21 et 22) ;

2° Qu'il n'y a que la menace de la perte ou de la suspension d'un droit contre les infracteurs des dispositions de la loi pénale, qui puisse raisonnablement servir de force répulsive capable de vaincre la force impulsive au renversement et au trouble de la sûreté et de la tranquillité sociale (§ 18, 19 et 21) ;

3° Que le pouvoir législatif est seul investi du droit d'édicter la loi pénale, et d'établir la *qualité* et la *quantité* du droit dont la perte ou la suspension doit frapper les infracteurs (§ 21, 44 et suivants, 55 et 56) ;

4° Que, néanmoins, le pouvoir judiciaire seul est chargé de l'application de la loi au fait (§ 53 et 54) :

Puisque l'on peut donner le nom de *peine* à la perte ou à la suspension d'un droit, avec le concours des conditions mentionnées ci-dessus ; il s'ensuit ;

178. Maxime.

« La peine est la perte ou la suspension d'uu droit,
» fixée par la loi pénale, contre les infracteurs des
» dispositions de cette loi, appliquée par l'autorité
» légitime afin de prévenir les délits. »

§ 185. — Et par cela :

179ᵉ Maxime.

« Les caractères essentiels de la peine sont au
» nombre de cinq :
» 1° La peine est la perte ou la suspension d'un
» droit ;
» 2° La peine doit être fixée par la loi pénale ;
» 3° La peine frappe les infracteurs des disposi-
» tions de la loi pénale ;
4° La peine doit être appliquée par l'autorité lé-
» gitime ;
« 5° Le but de la peine est la prévention des dé-
» lits. (a) »

(a) Lorsque un délit n'a pas encore été commis, la peine
doit *prévenir la réalisation* de ce délit ; lorsqu'un délit a été
commis, la peine doit *prévenir la reproduction* de ce délit. La
peine donc sert toujours comme moyen de *prévention*.

LEÇON TRENTE-TROISIÈME.

TITRE II.

Examen du premier caractère essentiel de la peine, savoir: que la peine est la perte ou la suspension d'un droit.

§ 186. — Puisque la peine est la *perte* ou la *suspension* d'un droit (§ 185-I°) : puisque le titre de *perpétuelle* convient à la peine qui détruit un droit, et le titre de *temporelle* à la peine qui suspend un droit ; il s'ensuit :

180° Maxime.

« Toutes les peines se divisent en peines *perpé-*
» *tuelles* et en peines *temporelles.* »

§ 187. — Puisque, bien que la peine *perpétuelle* ne puisse avoir une ligne commensurable, à cause du caractère indéfini de la durée de cette peine, néanmoins elle comporte la nécessité d'un point fixe et sûr, d'où on entend qu'elle commence, surtout pour y attacher les *effets* de la peine ; il s'ensuit :

181° Maxime.

« Toute peine *perpétuelle* doit avoir un point fixe
» et sûr, d'où on entend qu'elle commence. »

§ 188. — Puisque la peine *temporelle* implique nécessairement l'idée d'un temps déterminé et préfix : puisque ce temps ne peut se mesurer sans l'établissement d'un point fixe et sûr, d'où on entend que la peine commence : il s'ensuit :

182ᵉ Maxime.

« Toute peine *temporelle* doit avoir un point fixe et
» sûr, d'où on entend qu'elle commence. »

§ 189. — Puisque tant la peine *perpétuelle* (§ 187) que la peine *temporelle* (§ 188) doivent avoir un point fixe et sûr, d'où on entend qu'elles commencent : puisque toute peine est comprise dans la division en peine perpétuelle, et en peine temporelle (§ 186) ; il s'ensuit :

183ᵉ Maxime.

« Toute peine doit avoir un point fixe et sûr, d'où
» on entend qu'elle commence. »

§ 190. — Puisque la peine est la *perte* ou la *suspension* d'un droit (§ 185-1°) : puisque tant la perte que la suspension d'un droit éveillent en nous l'idée d'un mal ; il s'ensuit :

184ᵉ Maxime.

« Toute peine est un mal. »

§ 191. — Puisque toute peine est un mal (§ 190) : puisque les efforts de chaque législateur sage doivent se diriger à la répulsion du mal : puisqu'il n'est pas permis de recourir au secours d'un mal, si ce n'est dans le cas d'une nécessité absolue, et lorsque l'intervention du mal auquel on a recours sert d'antidote à un mal plus grave : puisque l'adoption d'un mal sans nécessité absolue est un acte de tyrannie ; il s'ensuit :

185ᵉ Maxime.

« Toute peine qui n'est pas réclamée par la nécessité, est tyrannique. »

§ 192.

186ᵉ Maxime.

« La justice de la peine est en raison directe de la » nécessité de cette peine. »

§ 193. — Puisque la justice de la peine est en raison directe de la nécessité de cette peine (§ 192) : puisque l'intervention d'une peine nécessaire sert d'antidote à un mal plus grave (§ 191) : puisque l'intervention d'un mal moins grave qui repousse un mal plus grave est un bien : puisque la *grâce* qui commue ou pardonne une peine empêche qu'au moyen d'un mal moins grave on évite un mal plus grave et qu'on produise un bien ; il s'ensuit :

187ᵉ Maxime.

« Dans un système régulier et médité de législa-
» tion pénale, la concession de la grâce est un vice
» radical. »

§ 194. — Puisque la justice de la peine est en raison directe de la nécessité de cette peine (§ 192) : puisque la *rédemption* de la peine est en opposition manifeste avec la nécessité de la peine ; il s'ensuit :

188ᵉ maxime.

« Dans un système régulier et médité de législa-
» tion pénale, la rédemption de la peine est un abus
» très-grave. »

§ 195. — Puisque la peine est un mal (§ 190) : puisqu'il ne faut y recourir que dans le seul cas d'une nécessité absolue (§ 191) : puisqu'une peine ne peut pas se dire nécessaire, lorsqu'au moyen de mesures politiques de prévention, ou de la suppression des causes impulsives aux délits, il est possible d'obvier à ces délits mêmes ; il s'ensuit :

189ᵉ maxime.

« Est tyrannique toute peine infligée contre cer-
» tains délits qui pourraient être évités au moyen
» de mesures politiques de prévention, ou de la
» suppression des causes impulsives à ces délits
» mêmes. »

LEÇON TRENTE-QUATRIÈME.

TITRE III.

*Examen du second caractère essentiel de la peine, sa-
voir : que la peine doit être fixée par la loi pénale.*

§ 196. — Puisque la peine doit être fixée par la
loi pénale (§ 185-II°-) ; il s'ensuit :

190ᵉ Maxime.

« Une loi qui reconnaît des *peines arbitraires* est
» abusive et doit être proscrite. »

§ 197.

191ᵉ Maxime.

« Le juge ne peut appliquer ni une peine autre, ni

» une quantité de peine plus forte que celle qui se
» trouvait établie par la loi pénale avant que le délit
» eût été commis (a). »

§ 198. — Puisque le juge ne peut appliquer ni
une peine autre, ni une quantité de peine plus forte
que celle qui se trouvait établie par la loi pénale
avant que le délit eût été commis (§ 55, 56 et 197):
puisque, d'un autre côté, dans l'application de la
peine, il faut tenir compte des circonstances (§ 68,
138 et suiv.) : puisque ces circonstances, soit *aggravantes*, soit *atténuantes*, se présentent dans le fait de
mille manières différentes : puisqu'il est de toute impossibilité qu'un législateur puisse prévoir toutes ces
nuances variées de circonstances, et tenir compte de
chacune d'elles au moment de la codification : puisque, attendu cette impossibilité, le législateur se
borne à tenir compte des plus remarquables et des
plus influentes : puisque les autres, de moindre im-
portance, ou sont négligées par le législateur, ou
échappent à ses yeux dans l'examen des actions en
général : puisque, néanmoins, elles ne doivent jamais échapper aux yeux des juges qui analysent les
actions en particulier : puisqu'il est de toute justice
qu'elles soient évaluées au moment de l'application
de la peine : puisque cette évaluation ne peut appar-
tenir qu'au juge : puisqu'il ne serait pas possible au
juge de faire cette évaluation, si la peine fixée par

(a) Voyez § 44 et suiv., et § 55 et 56.

la loi ne présentait une *latitude modérée* : puisque, d'ailleurs, l'idée de *latitude* est incompatible avec certaines espèces de peines ; il s'ensuit :

192ᵉ Maxime.

« Toutes les peines, dont la nature le comporte,
» doivent présenter une *latitude modérée* et *proportion-*
» *née* à l'étendue totale de la peine. La défense qui
» doit être faite au juge d'appliquer une peine autre,
» ou une quantité de peine plus forte que celle qui
» se trouvait établie par la loi avant que le délit eût
» été commis (§ 197), est étrangère à la latitude de
» peine.

» Au contraire, la latitude de peine est abandon-
» née à dessein à l'arbitre discrétionnel du juge, afin
» qu'il puisse s'en servir pour tenir compte des di-
» verses nuances de circonstances qui ne sont pas
» évaluées par le législateur au moment de la co-
» dification. »

§ 199. — Puisqu'il n'y a que les nuances de circonstances échappées aux yeux du législateur qui
tombent sous l'arbitre discrétionnel du juge (§ 198):
puisque les circonstances plus remarquables et plus
influentes sont évaluées par le législateur lui-même
au moment de la codification : puisque le législateur, au moment de la codification, quelquefois éva-
lue ensemble, comme un acte complexe, l'action prin-

cipale et la circonstance qui l'accompagne, en fait un seul *tout*, et fixe une certaine quantité de peine destinée à frapper en même temps l'action principale et la circonstance dont cette action est accompagnée, tandis que d'autres fois il trouve plus convenable de fixer la peine seulement contre l'action principale, abstraction faite de toute circonstance, soit aggravante, soit atténuante, et de disposer, par règle générale, que la peine établie pour l'action principale sera *augmentée* ou *diminuée* d'un ou de plusieurs degrés en raison de telle ou telle autre circonstance aggravante ou atténuante : puisqu'une disposition générale imposant l'obligation d'augmenter ou de diminuer une peine, suppose :

1° La réduction de toutes les peines à un dénominateur commun ;

2° L'adoption d'une échelle graduée pour monter et pour descendre ; il s'ensuit :

193e Maxime.

« Le législateur doit chercher le moyen de réduire » toutes les peines à un dénominateur commun. »

§ 200.

194e Maxime.

« Dans tout système régulier et médité de législa- » tion pénale, il doit y avoir une échelle graduée de

» laquelle on puisse tour à tour monter et descen-
» dre, lorsque le législateur ordonne en termes gé-
» néraux, qu'en raison de telle ou telle autre cir-
» constance aggravante ou atténuante, la peine fixée
» contre l'action principale, sera augmentée ou di-
» minuée d'un ou de plusieurs degrés.

LEÇON TRENTE-CINQUIÈME.

§ 201.— Puisque, par rapport à l'élèvement ou à l'abaissement dans l'échelle des peines, trois hypothèses peuvent se présenter :

1° Descendre d'une peine à une autre peine ;

2° Monter d'une peine à une autre peine ;

2° Monter d'une peine à une autre peine, et descendre, en même temps, d'une peine à une autre peine :

Puisque chacune de ces trois hypothèses peut être assujétie à des règles particulières :

Puisque, lorsqu'il s'agit de descendre d'un ou de plusieurs degrés, on conçoit tout naturellement que, du moment qu'on est descendu jusqu'au degré le plus bas, c'est-à-dire jusqu'à la peine la plus infime de toutes les peines reconnues, il n'est plus possible de descendre au-dessous :

Puisque, lorsqu'il s'agit de monter d'un ou de

9

plusieurs degrés, on conçoit encore naturellement que, du moment qu'on est parvenu au point le plus élevé (ordinairement la peine de mort), il n'est plus possible de monter plus haut :

Puisque, lorsqu'il s'agit de monter de plusieurs degrés, par suite de plusieurs causes aggravantes, et que la méthode d'ascension peut conduire à des conséquences plus ou moins onéreuses pour l'accusé, la raison et la loi conseillent de choisir la méthode dont les conséquences seront les moins onéreuses à cet accusé :

Puisque, lorsqu'il s'agit de monter et de descendre en même temps, par suite du concours d'une cause aggravante d'un côté, et d'une cause atténuante d'un autre côté, la raison et la loi conseillent, au lieu de compenser les degrés de diminution avec les degrés d'augmentation, de tenir compte d'abord de tous les degrés d'augmentation, et ensuite des degrés de diminution, toutes les fois que le principe de la *compensation* pourrait, dans ces conséquences, devenir onéreux et funeste à l'accusé; il s'ensuit :

195e Maxime.

« *Règle première, relative à l'obligation de descen-*
» *dre d'une peine à une autre peine.*

» En cas d'obligation de descendre d'un ou de » plusieurs degrés, l'abaissement de la peine ne peut » pas parvenir à un point plus bas que la peine la » plus infime dans sa quantité la plus petite. »

§ 202.

196ᵉ Maxime.

« *Règle deuxième, relative à l'obligation de monter*
» *d'une peine à une autre.*
» **En cas d'obligation de monter d'un ou de plu-**
» **sieurs degrés, l'ascension ne peut pas parvenir à**
» **un point plus élevé que la peine la plus grave.** »

§ 203.

197ᵉ Maxime.

« *Règle troisième, relative à l'obligation de monter*
» *d'une peine à une autre pour augmenter la peine à rai-*
» *son de plusieurs causes aggravantes.*
» **En cas d'obligation de monter de plusieurs de-**
» **grés, par suite de plusieurs causes aggravantes, il**
» **faut adopter la méthode qui, dans ces conséquen**
» **ces, doit être la moins onéreuse et la moins funeste**
» **à l'accusé.** »

§ 204.

198ᵉ Maxime.

» *Règle quatrième, relative au cas dans lequel il faut*
» *en même temps monter et descendre.*
» **En cas d'obligation de monter et descendre en**
» **même temps, par suite du concours de causes ag-**

» gravantes d'un côté et atténuantes d'un autre, il
» faut tenir compte d'abord de tous les degrés d'aug-
» mentation, et ensuite des degrés de diminution,
» sans compenser les degrés de diminution avec les
» degrés d'augmentation, toutes les fois qu'une telle
» compensation pourrait avoir des conséquences plus
» onéreuses et plus funestes pour l'accusé *(a)*. »

LEÇON TRENTE-SIXIÈME.

TITRE IV.

*Examen du troisième caractère essentiel de la peine,
savoir : que la peine frappe les infracteurs des dispositions de la loi pénale.*

§ 205. — Puisque la peine frappe les infracteurs
des dispositions de la loi pénale (§ 185 — 3°); il
s'ensuit :

199ᵉ Maxime.

« Le mal de la peine ne peut tomber que sur la
» tête du seul infracteur, c'est-à-dire :

(a) Ces deux dernières règles sont d'une très-grande impor-
tance. Ceux qui désireraient en connaître l'immense utilité
pratique avant même la publication du *Commentaire* peuvent
consulter les §§ 593 et suiv. du tome troisième de la 3ᵉ édition.

» La peine est tout à fait personnelle. »

§ 206. — Et par cela :

200ᵉ Maxime.

« Le châtiment qu'une loi de sang ferait tomber
» sur les parents, les alliés, les amis, etc., de l'in-
» fracteur, quoiqu'ils n'eussent pas concouru au dé-
» lit, serait, non pas une peine, mais une iniquité. »

§ 207. — Puisqu'il y aurait une iniquité, et non
pas une peine dans le châtiment qui tomberait sur
les parents de l'infracteur, bien qu'ils n'eussent pas
concouru au délit (§ 206) : puisque la confiscation
des biens implique dans l'effet afflictif de la condamnation des êtres étrangers à l'action criminelle ; il
s'ensuit :

201ᵉ maxime.

« La confiscation des biens du condamné n'est pas
» une peine, mais une iniquité. »

§ 208. — Puisque la peine est tout à fait personnelle (§ 206) : puisque l'exécution d'une condamnation à mort sur la personne d'une femme enceinte,
impliquerait dans l'extermination de cette femme la
vie d'un être innocent, qui cependant est investi, par
le seul fait de la conception, des mêmes droits à
l'existence qu'un homme déjà né ; il s'ensuit :

202ᵉ maxime.

« La condamnation à la peine de mort ne peut pas
» être exécutée sur la personne d'une femme en-
» ceinte ; elle ne peut l'être qu'après l'accouche-
» ment. »

§ 209. — Puisque la peine est tout à fait personnelle (§ 205) : puisque, si l'on condamnait plusieurs
individus sur la certitude que parmi eux se trouve
l'infracteur, mais sans pouvoir déterminer lequel
d'entre eux est cet infracteur, on frapperait des êtres
qui n'auraient pas concouru au délit ; il s'ensuit :

203ᵉ Maxime.

« Lorsque, dans un nombre déterminé d'indivi-
» dus, il y a certitude que l'infracteur se trouve,
» mais sans qu'il soit certain lequel de ces individus
» est cet infracteur, nul ne peut être condamné. »

LEÇON TRENTE-SEPTIÈME.

TITRE V.

*Examen du quatrième caractère essentiel de la peine,
savoir : que la peine doit être appliquée par l'autorité
légitime.*

§ 210. — Puisque la peine doit être appliquée
par l'autorité légitime (§ 185 — 4°) ; il s'ensuit :

204ᵉ Maxime.

« Il n'y a pas application de peine, mais il y a
» *délit* dans le fait de celui qui, de son autorité pri-
» vée, fait tomber sur l'infracteur la perte ou la sus-
» pension du droit portée par la loi pénale. »

§ 211. — Puisque la peine doit être appliquée par
l'autorité légitime (§ 185 — 4°): puisque l'autorité
légitime prononce définitivement la peine en vertu
d'une condamnation passée en chose jugée, et fon-
dée sur la *constatation* de la culpabilité; il s'ensuit :

205ᵉ Maxime.

« L'idée de l'application de la peine ne peut se
» concevoir sans la déclaration que la culpabilité est
» *constante.* »

§ 212. — Puisque la déclaration que la culpabilité est *constante* est un préalable nécessaire à l'application de la peine (§ 211): puisqu'une telle déclaration est l'expression de la conviction libre for-
mée dans la conscience du juge : puisque l'usage de
preuves déclarées privilégiées par la loi serait directement contraire à l'exercice de la conviction libre
et consciencieuse ; il s'ensuit :

206ᵉ Maxime.

« Dans les jugements en matière pénale, l'emploi

» de preuves privilégiées est une véritable insulte à
» la raison. »

§ 213. —Puisque la déclaration que la culpabilité est constante est un préalable nécessaire à l'application de la peine (§ 211): puisqu'une telle déclaration constitue un fait indivisible, car il y aurait
absurdité à admettre qu'il pût avoir en partie certitude et en partie incertitude de l'existence d'un
même délit à la charge d'un même accusé : puisque,
dans le cas où la conviction du juge ne serait pas encore suffisamment éclairée, on peut *tout au plus* (à
l'exemple de quelque procédure pénale moderne),
ordonner une plus ample instruction : puisque, en
définitive, il est nécessaire de poser une limite au
cours des procès : puisqu'à raison de l'indivisibilité
de la déclaration *que la culpabilité est constante*, tout
jugement doit se terminer ou par la déclaration de
la culpabilité ou par la déclaration de l'innocence :
puisque, dans le premier cas, il faut appliquer tout
entière la peine portée par la loi, et dans le second
cas, il faut n'en appliquer aucune; il s'ensuit :

207ᵉ Maxime.

« Dans le système judiciaire pénal, nulle absur
» dité n'est plus énorme que celle de recourir à une
» peine extraordinaire inférieure à la peine ordinaire
» portée par la loi contre le délit en question, lors-

» qu'il manque la *preuve pleine et parfaite de la culpa-*
» *bilité.* »

§ 214.—Puisque l'application de la peine dépend
de la déclaration *que la culpabilité est constante* (§ 211) :
puisque cette déclaration est **un** fait indivisible
(§ 213) : puisque, dans les jugements en matière
pénale, où interviennent plusieurs juges avec droit
de vote, la déclaration que la *culpabilité est constante*
peut se donner à *l'unanimité* ou à la *pluralité absolue*
des suffrages : puisque, sous le rapport de cette déclaration, une décision rendue à la pluralité absolue
des suffrages est revêtue d'autant d'efficacité que
celle rendue à l'unanimité des suffrages : puisque
l'effet principal de la déclaration que *la culpabilité est
constante,* est d'entraîner l'application de la peine
portée par la loi (§ 211) ; il s'ensuit :

208ᵉ Maxime.

« La circonstance que la déclaration que la *culpa-*
» *bilité est constante* a été rendue à la pluralité abso-
» lue, et non à l'unanimité des suffrages, n'entraîne
» pas cette conséquence qu'on puisse, de la totalité
» de la peine portée par la loi contre le délit en ques-
» tion, détruire une partie proportionnée au nombre
» des voix discordantes. »

LEÇON TRENTE-HUITIÈME.

TITRE VI.

Examen du cinquième caractère essentiel de la peine, savoir: que le but de la peine est la prévention des délits.

§ 215.—— Puisque le but de la peine est la prévention des délits (§ 185—5°): puisque une seule et même peine ne pourrait pas servir comme moyen de prévention pour toutes les espèces de délits; il s'ensuit :

209ᵉ Maxime.

« Dans tout système régulier et médité de légis-
» lation pénale il faut adopter diverses espèces de
» peines, afin qu'elles servent de remède efficace aux
» diverses espèces de délits. »

§ 216. —— Puisque la peine a pour but la prévention des délits (§ 185 — 5°); il s'ensuit :

210ᵉ Maxime.

« Le but de la peine n'est pas de venger les délits
» déjà commis, mais de prévenir la reproduction des
» délits mêmes. »

§ 217.

211ᵉ maxime.

« La peine ne doit pas être à ce point cruelle,
» qu'elle tourmente avec colère les membres du con-
» damné, et qu'elle se fasse un plaisir de ses cris. »

§ 218. — Puisque la peine a pour but la prévention des délits (§ 185 — 5°) : puisque rien n'est plus
propre à atteindre ce but que d'attaquer directement
et de subjuguer la passion même dans laquelle le délit prend sa source : puisque c'est en cela que consiste la *relation* entre la peine et le délit ; il s'ensuit :

212ᵉ Maxime.

« La peine doit être, autant que possible, *corréla-*
» *tive* au délit. »

§ 219. — Puisque le but de la peine est la prévention des délits (§ 185 — 5°) : puisqu'elle ne pourrait pas atteindre ce but, si elle ne produisait un
sentiment d'effroi sur la masse ; il s'ensuit :

213ᵉ Maxime.

« La peine doit consister dans un mal sensible
» pour la masse. »

§ 220. — Puisque la peine, loin d'avoir pour but

la vengeance contre les délits commis, tend à prévenir les délits nouveaux (§ 185 — 5°); il s'ensuit :

214ᵉ Maxime.

« Il faut fixer contre un délit autant de peine qu'il
» est nécessaire pour le prévenir. »

§ 221. — Et par cela :

215ᵉ Maxime.

« Il ne faut pas prendre pour règle d'infliger,
» comme peine contre une action criminelle, autant
» de mal qu'en a causé cette action; car il peut ar-
» river qu'un mal plus fort soit nécessaire, ou qu'un
» mal plus léger soit suffisant pour la prévention du
» délit dont il s'agit. »

§ 222. — Puisqu'il faut infliger, comme peine,
autant de mal qu'il en est nécessaire pour prévenir
les délits, et qu'il ne faut pas infliger, comme peine,
autant de mal qu'en a causé l'action criminelle
(§ 221); il s'ensuit :

216ᵉ Maxime.

« Dans le système pénal, nulle maxime n'est plus
» absurde que celle qui proclame la nécessité de re-
» courir à la loi du talion pour l'établissement de la
» peine. »

§ 223.

217e Maxime.

« Dans le système pénal, nulle opinion n'est plus
» absurde que celle qui proclame la *nécessité d'infli-*
» *ger le mal pour le mal dans l'exercice du droit de*
» *punir.* »

§ 224. — Puisque le but de la peine est de prévenir les délits (§ 185 — 5°), et de détourner les es-
prits de l'idée de reproduire un délit déjà commis
(§ 184, note *a*) : puisqu'un tel effet peut être produit d'autant plus facilement que la peine est plus
exemplaire ; il s'ensuit :

218° Maxime.

« Plus la peine est exemplaire, plus elle est pro-
» pre à atteindre le but auquel elle tend. »

§ 225. — Puisque plus la peine est exemplaire,
plus elle est propre à atteindre le but auquel elle
tend (§ 224) : puisqu'une peine est d'autant plus
exemplaire que l'application est plus voisine du délit : puisqu'on ne peut imaginer une application de
peine sans supposer l'existence d'une condamnation ;
il s'ensuit :

219ᵉ Maxime.

« Dans tout système régulier et médité de législa-
» tion pénale, il faut mettre le moins d'intervalle
» possible :

» 1º Entre l'époque du délit et la condamnation de
» l'infracteur ;

» 2º Entre l'époque de la condamnation et l'exé-
» cution de la peine. »

§ 226. — Puisqu'une peine est d'autant plus propre à atteindre le but auquel elle tend, qu'elle est
plus exemplaire (§ 224) : puisque l'exécution d'une
condamnation capitale dans le lieu même où le
crime a été commis augmente l'effet exemplaire de
la peine ; il s'ensuit :

220ᵉ Maxime.

« L'exécution d'une peine capitale doit être effec-
» tuée, s'il est possible, dans le lieu même où le délit
» a été commis. »

§ 227. — Puisqu'une peine est d'autant plus propre à atteindre le but auquel elle tend, qu'elle est
plus exemplaire (§ 224) : puisque l'effet exemplaire
de la peine s'accroît au moyen de la publicité donnée
à la condamnation ; il s'ensuit :

221e Maxime.

« La condamnation prononcée contre l'infracteur
» doit être rendue publique autant que possible. »

§ 228. — Puisque la célérité entre l'exécution de
la peine et la condamnation aide à l'effet exemplaire
de la peine (§ 226) : puisque, lorsque le cumul de
plusieurs peines prononcées contre la personne du
même infracteur ne comporte pas l'application simultanée de ces peines, il faut que le condamné les
subisse l'une après l'autre : puisqu'il est beaucoup
plus efficace, pour l'effet exemplaire, de commencer
par l'application de la peine la plus grave ; il s'ensuit :

222e Maxime.

« Lorsque l'infracteur est condamné à plusieurs
» peines, dont l'application simultanée est impos-
» sible, il faut, en cas de peines de différents genres,
» commencer par l'application de la peine la plus
» grave. »

FIN

TABLE DES MATIÈRES.

LIVRE II.

LIVRE III.

www.ingramcontent.com/pod-product-compliance
Ingram Content Group UK Ltd.
Pitfield, Milton Keynes, MK11 3LW, UK
UKHW022038070726
13613UKWH00002B/567